I0082427

Onkel Sam eller onkel Judas?

Jon Andersen

Israelbok.no

Innhold

Forord

Hellig vil jeg gjøre mitt store navn
som er vanæret blant folkene, ja,
som dere vanæret blant dem.
Folkeslagene skal sanne at jeg er
Herren, *sier Herren Gud*, **når de**
blir vitne til at jeg åpenbarer min
hellighet blant dere. *Jeg henter dere*
fra folkeslagene, samler dere fra alle
landene og fører dere hjem til deres
eget land.
Esekiel 36,23-24

N år vi leser Bibelen, kan vi bokstavelig talt
finne hundrevis av skriftsteder som handler
om at det vil komme en dag når jødene vil vende
tilbake til sitt eldgamle hjemland igjen, og når det
skjer vil Gud gjenopprette dem både fysisk og
åndelig i det nye hjemlandet. I vår tid har vi fått
privilegiet å bevitne hvordan dette skjer i den
bevegelsen som er blitt kalt for «sionismen». I 1948
ble Staten Israel gjenopprettet, og siden den gang
har millioner av jøder kommet tilbake til landet som
Gud ga til Abraham, Isak og Jakob.

Sionismens arbeid er langt fra fullført. Det finnes fortsatt mange millioner jøder i diasporaen. Og når man kommer til Israel, oppdager man også at selv om ørkenen blomstrer, er livet i det jødiske hjemlandet så absolutt ikke en dans på roser. Det finnes korrupsjon blant israelske politikere og makthavere, det finnes mange ateister blant Guds folk som heller vil gå på diskotek på sabbaten istedenfor å gå til synagogen for å be til Den allmektige, noen familier opplever splittelse, og det finnes dessverre barn som vokser opp i fattigdom og nød.

Det er enkelt å finne bevis på at Gud ikke er ferdig med det verket som han har påbegynt. Det vil komme en tid da alle synder og ulykker vil være en saga blott og Israel vil leve i fullkommen fred og frihet. Men selv om alle Guds løfter ennå ikke er innfridd, kan vi allerede i dag observere hvordan Gud på en mirakuløs måte har ført det jødiske folk og Staten Israel gjennom alskens trengsler og velsignet dem på mange måter.

Selv om Israel på ingen måte er et perfekt land, er det ingen tvil om at Gud har gjort mange mirakler gjennom sionismens historie. For det første var det et gedigent mirakel at jødene kunne opprette en suveren nasjonsstat i landet mer enn 2000 år etter at den forrige suverene jødiske nasjonsstaten gikk i graven. Dernest er det et under at de har overlevd alle kriger og alle interne strider helt siden 1948. Det er et mirakel at landet blomstrer igjen, at det vokser skoger i ørkenen, at landet kan eksportere frukt og grønnsaker av høyeste kvalitet, at israelerne har klart å bygge førsteklasses sykehus der arabere og andre folkeslag også får nyte godt av jødenes medisinske begavelser, at israelerne bidrar med uvurderlig nødhjelp ved jordskjelv og andre naturkatastrofer verden over, og at flyktninger fra Sudan og Vietnam har funnet ly i landet. Ja, lista over mirakler er så lang at man kan skrive flere bøker bare om dette ene emnet.

I de versene jeg siterte i begynnelsen av dette kapitlet, og i mange andre vers i de profetiske skriftene[1], kan vi se at en av de primære hensiktene med gjenopprettelsen av det jødiske folk i Israels land, er at Guds navn skal bli helliget, og alle folkeslag skal vite hvem som er den allmektige Gud. Når Gud gjenoppretter Israel, vil det skje så mange mirakler, og Gud vil hjelpe jødene gjennom så mange umulige situasjoner, at hele verden etterhvert vil bli nødt til å erkjenne at sionismen er et Guds verk og at Gud er Herren. Alle nasjoner vil forstå at Abrahams, Isaks og Jakobs Gud er den eneste sanne Gud, og alle andre avguder er maktesløse bilder av tre og stein.

Nettopp derfor er det risikabelt å holde seg til menneskelige forklaringer og myter om hvorfor Staten Israel ble opprettet og hvorfor de har overlevd inntil denne dag. Noen ganger kan slike forklaringer føre til at Gud mister æren for det verket som han har stått bak.

En av de største og farligste mytene av dette slaget, er myten om at Israel har overlevd alle kriger

1 F.eks. Jesaja 11,10; 26,15; 43,7; 44,23; 49,3; 60,21; Esekiel 37,28; 38,23.

de har vært med i fordi USA har stått ved deres side og hjulpet dem gjennom alle problemer. Når man studerer de historiske fakta, oppdager man at dette er rent oppspinn, og det er egentlig en form for avgudsdyrkelse. All ære for sionismens mirakel tilhører Gud, men noen kristne velger dessverre å ta denne æren fra Gud og isteden gi den til onkel Sam. På samme måte som folket ropte: «Her taler en gud, ikke et menneske» da Herodes talte til folket,[2] finnes det dessverre kristne som ikke gir Gud æren selv om all ære i bunn og grunn tilhører ham. Jeg tror at Gud sørger over hvordan hans barn på denne måten gir mennesker æren for det som han har utført.

I denne boka har jeg dermed forsøkt å forklare for leserne hvordan USA på ingen måte har vært «Israels store frelser», slik som en del har inntrykk av. Det finnes eksempler på gode ting som USA har gjort for Israel, men dessverre finnes det også eksempler på det motsatte. Boka er således full av mange negative påstander, rapporter og historiske hendelser som faktisk setter USA i et dårlig lys.

La meg derfor først av alt gjøre det tindrende klart at jeg ikke har skrevet denne boka fordi jeg er en antiamerikaner eller fordi jeg på noen måte bærer nag til USA, slik mange av mine landsmenn dessverre gjør. Boka er ikke ment som noen slags kritikk av USA. På veldig mange måter beundrer jeg faktisk USA og det som den nasjonen har prestert i løpet av litt over tre hundre år.

2 Apostlenes gjerninger 12,22.

Demokratiet har kommet lengre, og enkeltindividet har mye større innflytelse på politikken i USA enn i mange andre land.[3] Når det gjelder muligheten til å forsørge seg selv og familien sin uten å måtte være avhengige av en formynderstat, ligger USA et hav foran mange andre land. Kristne, jøder og personer fra andre religioner hadde allerede på slutten av 1700-tallet og begynnelsen av 1800-tallet stor frihet til å utøve sin religion uten innblanding fra myndighetene. Mange amerikanske universiteter er blant de fremste og mest anerkjente utdanningsinstitusjonene i hele verden. Blant «vanlige» amerikanere kan man ofte se en sterk vilje til å gjøre en innsats for å hjelpe de svake og fattige i lokalsamfunnet, mens vi i Norge ofte toer våre hender og forventer oss at staten skal betale for og starte de nødvendige prosjektene for å gjøre livet bedre for vanskeligstilte innbyggere. USA er dessuten et land som har klart å gå over til et moderne høyteknologisk samfunn uten at ateismen har fått enerett til å skvise ut alt som kalles for religion, slik vi har sett i Europa de siste tiårene.

Faktum er at vi europeere har veldig mye å takke USA for. Amerikanske soldater hjalp oss med å beseire nazistene. De beskyttet oss mot kommunismens trussel da Sovjetunionen pustet oss i nakken. Mange vekkelser og god kristen undervisning har kommet til oss fra den moderne

---

3   EU er et godt skrekkeksempel på det motsatte, der
     individet overhodet ikke har noen reell mulighet til å
     påvirke det som foregår i maktens korridorer i Brussel.

9

pinsebevegelsens hjemland. USA har også vært et foregangsland på mange andre områder.

Og når det gjelder antisemittisme, har USA vært et fristed uten like i vestlig historisk sammenheng. Det er et velkjent historisk faktum at jødene i Tyskland, Russland, Spania, England og mange andre europeiske land er blitt forfulgt, tvangskonvertert, landsforvist, drept og massakrert gang på gang. Det er skrevet utallige bøker som dokumenterer hvordan jødene er blitt forfulgt i alle disse europeiske landene, og folkemordet på seks millioner jøder under andre verdenskrig er kanskje den verste forbrytelsen som en gruppe mennesker noensinne har begått mot en annen gruppe mennesker. Historisk sett har Europa vært det mest antisemittiske kontinentet de siste to millenier, og vi europeere har all grunn til å skamme oss over hvordan vi har behandlet Guds øyenstein.[4] Samtidig har antisemittismen generelt sett holdt seg på et meget lavt nivå i USA sammenlignet med landene på denne siden av dammen,[5] og brede lag i den amerikanske befolkningen har ofte vært direkte filo-semittiske og sterke tilhengere av jødenes rett til sitt eget hjemland.

Men selv om jødene i USA har hatt relativt stor frihet, har det vært understrømmer i landets politiske ledelse som har vært mer enn villige til å ofre jødene eller Israel på alteret hvis dette på noen

---

4 Sakarja 2,12
5 Dessverre finnes det eksempler på antisemittisme også i USA, og noe av denne antisemittismen vil du få lese om senere i denne boka.

måte ville gagne USA eller den enkelte politiker. Den understrømmen har eksistert helt siden den moderne sionistbevegelsens ringe begynnelse på 1800-tallet, og i noen perioder har den fått dominere den amerikanske utenrikspolitikken, slik som på 1920- og 1930-tallet.

I løpet av de siste tjue årene har vi sett hvordan vårt eget land, Norge, har gått fra å være en av Israels beste venner til å bli et land som aktivt støtter Israels verste fiender. Både på det politiske planet og blant kristne har vennskapet frøset til is og noen ganger blitt til rent fiendskap. Mange israelere mener dermed at Norge i dag er det mest antisemittiske demokratiske landet. Dessverre kan man finne mange av de samme tendensene i USA, og mye av den samme antisionismen som er blitt så utbrett i Norge, har hatt fotfeste i Amerika helt siden 1800-tallet.

Jeg vil dermed invitere deg med på en reise til Washingtons korridorer, til Det hvite hus, det amerikanske utenriksdepartementet, til Kongressen og til amerikansk etterretning der vi skal se hvordan USA ofte har slått lag med Israels fiender. Dette er på ingen måte noen koselig søndagsutflukt, og mange vil kanskje bli rystet av noen av de tingene som står skrevet i denne boka.

Min bønn og mitt håp er at når du kommer til bokas siste side, vil du aldri mer gi et land eller en regjering eller en politiker den æren som tilhører Gud. Jeg ber om at du på ingen måte vil bli fylt av stolthet, kritikk eller overmot, eller at du skal være blind for de antisemittiske problemene som finnes i ditt eget land. Jeg ber om at du skal se og forstå at Israel er et Guds mirakel, og at menneskers hjelp ikke betyr så mye i det store og hele. All ære for sionismens mirakel skal tilhøre Gud i all evighet!

Amen.

Kapittel 1
Ikke vær redd! Israel støtter dere!

«USA er heldige som har en alliert som Israel i Midtøsten» var det budskapet som utenriksminister Henry Kissinger overbrakte fra president Richard Nixon til den israelske ambassadøren til Washington i 1970.

Den berømte amerikanske utenriksministerens oppsiktsvekkende uttalelse kom etter at Israel hadde gitt amerikanerne uvurderlig hjelp i kampen for å forsvare USAs interesser i Midtøsten. I løpet av de 22 årene som var gått siden den jødiske staten ble opprettet, hadde Israel inntatt rollen som USAs viktigste allierte i Midtøsten og en uvurderlig strategisk tilgang for den amerikanske regjeringen.

Men det hadde ikke alltid vært slik. I løpet av de første årene av Staten Israels eksistens hadde USA vist liten eller ingen interesse for den jødiske statens problemer og utfordringer, selv om et overveldende stort flertall av den amerikanske befolkningen var velvillig innstilt overfor Israel. Washingtons jobb var å sørge for amerikanske statsborgeres ve og vel og amerikanske interesser over hele verden, og i den forbindelse mente den amerikanske regjeringen at Israel var til mer bryderi enn velsignelse.

13

Problemet var ikke det at Det hvite hus ikke var sympatisk innstilte overfor jødene. Tvert imot! Den amerikanske presidenten Woodrow Wilsons støtte var faktisk en av grunnene til at den britiske regjeringen utstedte Balfourdeklarasjonen i 1917.[6] Men etter at det britiske Palestinamandatet ble opprettet, gjorde den amerikanske regjeringen lite eller ingenting for at drømmen om den jødiske staten skulle bli en virkelighet. Og noen ganger motarbeidet de til og med sionistene.

En av årsakene til dette, var ganske enkelt at det amerikanske utenriksdepartementet var fylt til randen av antisemitter, og mye av denne antisemittismen hadde de lært av kristne diplomater og misjonærer med nære bånd til det amerikanske utenriksdepartementet. En tidligere feltprest i den amerikanske hæren ved navn Selah Merrill satte tonen da han ble utnevnt til konsul i Jerusalem i 1882. Merrill advarte sterkt mot tanken om et jødisk hjemland i Palestina. Ifølge Merrill hadde ikke den jødiske rasen en evne til å leve av jordbruk. De vil bare bo i byene «der de kan leve av andre menneskers lykke eller ulykke», skrev han. Og da flere hundre tusen østeuropeiske jøder strømmet inn i USA på slutten av 1800-tallet, kalte utenriksminister Walter Quintin Gresham dem for «degraderte og uønskelige personer».[7]

6 President Wilson var også en pådriver i jobben for å oppløse det osmanske riket og legge grunnlaget for selvstendighet blant araberstatene. Mange av de araberstatene som fikk sin selvstendighet etter 1918, kan takke Wilson for hans innsats.

7 Peter Grose, *Israel In the Mind of America*, New York:

Selv om president Wilson hadde gitt sin støtte til Balfourdeklarasjonen, hadde utenriksdepartementet forsøkt å forhindre dette. Utenriksminister Robert Lansing benyttet den antisemittiske læren om jødene som «gudsmordere» som påskudd for å forhindre sionistenes planer: «Mange kristne sekter og individer vil utvilsomt motsette seg at man legger Det hellige land under absolutt kontroll under den rasen som er blitt tilskrevet Kristi død,» sa utenriksministeren.[8]

Og da Generalforsamlingen i Forente Nasjoner skulle stemme over delingsplanen i november 1947, noe som i praksis var et spørsmål om FN ville støtte sionismens mål om en jødisk stat i jødenes historiske hjemland, ville faktisk Sovjetunionens støtte spille en mye større rolle enn USAs støtte. Da Sovjetunionen opplyste at de ville stemme for delingsplanen, fulgte alle de kommunistiske satellitt-statene i deres fotspor og støttet opprettelsen av en jødisk stat. USA derimot, klarte ikke å mobilisere sine allierte på samme måte. Flere av USAs nærmeste allierte, slik som Cuba og Hellas, stemte faktisk imot delingsplanen mens andre allierte avsto fra å stemme.

Det var faktisk heller aldri noen selvfølge at USA selv ville stemme for delingsplanen i Generalforsamlingen. På tross av at et overveldende flertall av amerikanerne støttet opprettelsen av en jødisk stat,[9] var mange av de øverste makthaverne i

Aldred A. Knopf, 1983, side 40-41.
8   Ibid., side 70.
9   Hele 65 prosent av befolkningen støttet delingsplanen, se

Washington faktisk ivrige motstandere av FNs delingsplan. Forsvarsminister James Forrestal var en av dem. Forrestal mente at sionismen var en trussel mot USAs oljeleveranser og USAs strategiske posisjon i Midtøsten.[10] Mange av de øverste politikerne var dessuten redde for at USA ville sitte igjen med et moralsk ansvar for å forsvare den jødiske staten mot de fiendtlige araberstatene rundt omkring, og dette var de på ingen måte villige til å gjøre. Jødene måtte klare seg på egen hånd, og siden man var overbevist om at jødene rett og slett ikke var i stand til å overleve for egen maskin, ville store deler av Washington helst vende tommelen ned for hele det sionistiske eventyret. Allikevel tok president Harry Truman avgjørelsen at den amerikanske stemmen skulle gå i favør av en deling.

Men denne amerikanske beslutningen ville snart bli satt på prøve. Da araberstatene protesterte voldsomt og kom med trusler om krig mot den jødiske staten, og antallet terrorangrep mot sivile jøder økte kraftig mot slutten av 1947 og i begynnelsen av 1948, endret Truman oppfatning. Utover våren 1948 foreslo han isteden at FN burde sette hele Palestinamandatet under FNs forvaltning, noe som ville blidgjøre araberne og som i praksis ville bety at Balfourdeklarasjonens løfter til jødene var gått i glemmeboka. Regjeringen begynte også å legge press på sionistenes ledere for at de skulle

Mitchell G. Bard, *Myths and Facts*, Chevy Chase, MD: AICE, 2002, side 232.
10 Ibid., side 231.

utsette planene på å utrope en selvstendig jødisk stat.

I løpet av denne perioden tviholdt USA også på sin våpenboikott av hele Midtøsten. Dette spilte lite eller ingen rolle for araberstatene. De fem araberstatene som gikk i bresjen for angrepet på Israel i mai 1948, hadde allerede skaffet seg det de trengte av våpen for å legge den jødiske staten i grus og kaste alle jødene på Middelhavet. Egypt hadde vært selvstendig helt siden 1922 og Irak siden 1932. Libanon fikk sin selvstendighet i 1943, mens Syria og Jordan bare var «småbarn» i denne sammenhengen. De to sistnevnte fikk sin uavhengighet i 1946, kun to år før Israel.

Allikevel gjorde disse to årene et hav av forskjell når man tar i betraktning at de hadde skaffet seg store kvanta militært materiale lenge før den amerikanske våpenboikotten begynte å gjelde, og det faktum at de i egenskap av suverene stater fortsatt kunne kjøpe våpen fra andre land. Jordans hær var i bunn og grunn en forlenget arm for det britiske militæret, og kong Abdullahs hær hadde ubegrenset tilgang på britiske våpen.

Det eneste landet som dermed ble rammet av den amerikanske våpenboikotten, var det landet som kjempet for å unngå et nytt Holocaust i krigen i 1948. Det var Israel.

I løpet av årene som gikk etter 1948 var det forskjellige europeiske land som vekselvis tok over rollen som Israels fremste våpenprodusent og politiske forbundsfelle. Israels forsvar fikk vekselvis kjøpt våpen fra land som Tsjekkoslovakia,

Frankrike, Storbritannia og Vest-Tyskland, og de franske jagerflyene av typen Mirage ble voldsomt populære da de israelske pilotene viste hvordan disse franske fuglene var totalt overlegne de sovjetiske MiG-flyene i utallige luftkamper på 1960-tallet.

USAs innblanding i politikken i Midtøsten skapte mer problemer enn velsignelser for Israel på denne tiden. Det var på grunn av amerikansk press som Israel ble nødt til å trekke seg ut fra Sinaihalvøya etter at mange israelske soldater hadde betalt med sitt eget blod for å trygge israelske skips rett til å seile i Rødehavet i 1956. Og selv om den israelske tilbaketrekningen delvis fant sted på grunnlag av løfter gitt av Washington, skulle det vise seg at disse løftene ikke var verdt papiret de var skrevet på da Egypt kastet FNs fredsbevarende styrker ut av Sinai og stengte Tiranstredet i 1967.

På grunn av det amerikanske presset i 1956, de løftene som Washington og FN ga på den tiden, og det løftebruddet som skjedde et tiår senere, ble Israel tvunget til å kjempe atter en krig for retten til å overleve midt blant fiendtlige stater. Nærmere 800 israelske soldater måtte bøte med livet i den seks dager lange krigen i juni 1967.

USA sto heller ikke opp for Israels rettigheter i FN. Faktum er at selv om USA hadde vetorett i Sikkerhetsrådet og kunne ha satt en stopper for mange anti-israelske resolusjoner på 1950- og 1960-tallet, benyttet de seg ikke av denne retten før i 1972.[11]

11 Ibid, side 234.

Hva er så grunnen til at USA mer eller mindre lot Israel seile sin egen sjø i løpet av de første tiårene etter Staten Israels opprettelse? En viktig forklaring er selvfølgelig olje. De amerikanske oljemagnatene hadde sterk innflytelse i den amerikanske utenrikspolitikken, og helt siden det ble funnet store oljeforekomster i Saudi Arabia i 1932, var det amerikanske oljeselskaper som hadde hatt i oppdrag å bore etter den svarte smørja i den enorme arabiske ørkenen. Saudi Arabia har vært USAs nærmeste allierte i Midtøsten helt siden den gangen.

Det er kanskje ironisk at en av USAs verste fiender i moderne tid, saudiaraberen Osama bin Laden, innrømmet at araberne vil selge olje til USA uansett hvordan den amerikanske utenrikspolitikken ser ut. «Selvfølgelig kommer vi til å selge dem olje i alle fall. Vi kan tross alt ikke drikke det,» sa bin Laden til en journalist.[12]

Men det finnes også en annen grunn som ikke har noe med fossilt drivstoff å gjøre. På denne tiden var USA først og fremst opptatt av den sovjetiske trusselen og kampen mot kommunismen. Midtøsten var bare ett av mange brett der det politiske spillet mellom de to supermaktene ble utspilt. Og i det spillet var Israel en brikke som man ikke helt forsto, men makthaverne i Washington var ærlig talt redde for at Israel ville være et større hinder enn en tilgang. Israel var med andre ord et stort, uryddig

---

12 Abdel Bari Atwan, *The Secret History of Al-Qa'ida*, London: Abacus, 2007, side 23.

problem for de amerikanske strategene som forsøkte å holde stand mot kommunismens frammarsj.

Så da president Eisenhower i 1954 fikk et spørsmål om USA ville være villige til å gi Israel økonomisk hjelp, svarte han: «Vi gir ingen hjelp for å starte en krig eller hengi seg til en konflikt med våre andre venner. Når vi gir militær assistanse, er det for det felles formålet å stå imot kommunismen.»[13] Eisenhower mente med andre ord at mange araberstater var mer relevante enn Israel i kampen mot kommunismen, mens Israel var irrelevant. På toppen av alt var Israel til og med en potensiell fare for USAs «venner» i Midtøsten.

Allikevel fantes det røster som mente at Israel tvert imot kunne være en strategisk tilgang. I 1952 foreslo general Omar Bradley at Vesten burde bygge sitt forsvar mot kommunismen i Midtøsten på de luftstyrkene som tre land kunne stable på beina, nemlig Storbritannia, Tyrkia og Israel. Men de øverste lederne i USA forkastet dette forslaget siden de mente at Egypt og Irak var av mye større strategisk betydning for USA enn det Israel noensinne kunne bli.

Allikevel fikk den amerikanske regjeringen flere ganger nyte fruktene av det imponerende israelske etterretningsvesenet som var vokst fram. USA scoret et viktig mål i propagandakampen mot kommunismen da det israelske Shin Bet i 1956 sendte CIA en kopi av den sovjetiske lederen Nikita Khrusjtsjovs tale der han fordømte Josef Stalins

13 Steven Spiegel, *The Other Arab-Israeli Conflict*, University of Chicago Press, 1985, side 54.

politikk. Det amerikanske luftforsvaret fikk uvurderlig informasjon om det mest moderne sovjetiske jagerflyet etter at Israel klarte å stjele et irakisk MiG-21 i 1966.

Israel kunne også ha hjulpet USA med å unngå en av de største spionskandalene i moderne tid, hvis USA hadde vært interessert i å lytte. To av de mest velkjente britiske spionene i det tjuende århundre var Jack Philby og sønnen hans, Kim. Jack hadde vært en av de øverste lederne for den britiske etterretningen i Midtøsten inntil han konverterte til islam i 1930. Noen år senere var det sønnens tur.

Kim Philby jobbet som spion for den britiske etterretningen i flere tiår før han til slutt hoppet av og flyktet til Moskva på 1960-tallet. Da viste det seg at han hadde vært dobbeltagent i mange år, og han hadde påført både den britiske og den amerikanske etterretningen enorm skade. Senere ble han utnevnt til «helt av Sovjetunionen», som var den høyeste utmerkelsen man kunne få i det gamle Sovjetunionen.

Men det hadde ikke trengt å gå så ille. Allerede på slutten av 1940-tallet, da Teddy Kollek var utplassert i Washington som representant for Haganah, fikk han øye på Kim Philby i hovedkvarteret til CIA. Og ettersom Kollek hadde kjent Philby i Wien før andre verdenskrig og visste at han var kommunist, forsøkte han å advare amerikanerne om fortiden hans.[14] Men CIA nektet å lytte til den israelske advarselen.

14 John Loftus and Mark Aarons, *The Secret War Against the Jews*, New York: St. Martin's Griffin, 1997, side 36.

21

Mot slutten av 1950-tallet begynte den amerikanske regjeringens følelser for den jødiske staten å tine. På tross av at USA inntil da hadde opprettholdt en tøff linje overfor Israel, hadde det ikke hjulpet dem noe som helst i forholdet til araberstatene, og Sovjetunionen rykket fram på alle fronter.

Da demokraten John F. Kennedy vant valget i november 1960 med knapp margin og over 80 prosent av de jødiske stemmene, var det åpenbart at Israel hadde et mer sympatisk øre i Det hvite hus enn de noen gang hadde hatt. Samtidig ble Midtøsten oversvømmet av sovjetiske våpen, og nå var Washington bekymret for at maktbalansen i regionen ville tippe i retning av de radikale araberne.

I løpet av de kommende årene innrømmet både president Kennedy og president Johnson at Israel var en positiv maktfaktor i regionen og at de sto for de samme verdier som USA. Dermed åpnet dørene seg for at Israel fikk lov til å kjøpe amerikanske våpen, og i 1962 fikk Israel sin første store våpenleveranse fra USA da Kennedy gikk med på å levere Hawk-antiluftskytsraketter. I løpet av de kommende fire årene fikk Israel også kjøpe stridsvogner til en verdi av 80 millioner dollar og 48 angrepsfly av typen A-4 Skyhawk.[15]

Samtidig var Det hvite hus nøye med at araberne på ingen måte skulle få inntrykk av at USA nå

---

15 Karen L. Puschel, *US-Israeli Strategic Cooperation in the Post-Cold War Era: An American Perspective*, Tel Aviv University, 1992, side 13.

favoriserte Israel foran araberstatene. Da Israel for første gang fikk lov til å kjøpe stridsvogner fra USA i 1965, ble salget balansert med et lignende salg av stridsvogner til Jordan. Israel fikk for første gang kjøpe kampfly i 1966, og samtidig skrev USA under på avtaler med flere arabiske land om salg av kampfly til de landene.

Og da Seksdagerskrigen brøt ut, innførte USA en våpenboikott av Israel samtidig som araberstatene fikk tilført store mengder sovjetiske våpen.

Den virkelig store endringen i forholdet mellom de to statene kom etter at det israelske forsvaret praktisk talt knuste Egypts, Jordans, Syrias og delvis også Iraks militærvesen i løpet av seks dager i juni 1967. Den israelske utklassingen i krigen betydde at USA ikke trengte å være redd for å ta ansvaret for den lille «taperen» i Midtøsten. Det var åpenbart for alle at Israel var i stand til å ta hånd om seg selv og at de var såpass sterke at de kunne påvirke andre hendelser i regionen. De amerikanske makthaverne forsto at USA faktisk kunne høste mange positive frukter av et samarbeid med Israel.

Den israelske seieren betydde også at amerikanere generelt ble mer interessert i Israel. I løpet av de kommende årene immigrerte flere tusen amerikanske jøder til Israel i året, og amerikanske kristne ble mer interessert i bibelske profetier og Israel enn de noensinne hadde vært.

Et godt eksempel på hvordan Israel plutselig ble godt likt i USA, kan vi finne i den berømte amerikanske forfatteren og filosofen Eric Hoffers skrifter. I 1968 skrev han en artikkel der han ga uttrykk for hvordan han beundret jødene og Israel: «Men i dette øyeblikk er Israel vår eneste pålitelige og ubetingede allierte. Vi kan stole mer på Israel enn Israel kan stole på oss. Og man kan bare forestille seg hva som hadde skjedd i fjor sommer hvis araberne og deres russiske støttespillere hadde vunnet krigen, for å innse hvor nødvendig Israels overlevelse er for Amerika og Vesten generelt.» [16]

Da USA i 1968 vurderte å selge jagerfly av typen F-4 Phantom til Israel, gikk alle presidentkandidater ut og støttet salget. Kongressen bestemte seg også for å legge press på presidenten for å selge flyene til Staten Israel. De to landenes samarbeid på etterretningsfronten ble også formalisert.

USA var spesielt interessert i et samarbeid med den jødiske staten fordi Israel hadde førstehånds kunnskap om hvordan sovjetiske våpen og den sovjetiske militære doktrinen utspilte seg på slagmarken. Israel hadde jo nettopp gått seirende ut av en krig der motparten for det meste benyttet seg av sovjetiske våpen og sovjetiske rådgivere.

Og da Utmattelseskrigen mellom Israel og Egypt tok fart i løpet av de kommende månedene og årene, ble slagmarken i Sinaiørkenen det viktigste laboratoriet der USA kunne prøve ut hvordan våpnene deres klarte seg i kampen mot kommunistenes våpen. De israelske soldatene ved fronten i Sinaiørkenen var blitt prøvekluter for det amerikanske militæret, som var opptatt av å utvikle

---

16 Eric Hoffer, «Israeli Premonition», trykket i Los Angeles Times, 26. mai 1968, og gjengitt av Aish.com, http://www.aish.com/jw/me/48892687.html.

nye våpen og forsvarsmetoder for å forsvare både USA og NATO mot den sovjetiske trusselen.

Israels forsvar kjempet faktisk både mot egyptiske styrker med sovjetiske våpen og mot sovjetiske styrker i Sinaiørkenen. Sovjeterne hadde det operative ansvaret for 150 fly og en rakettparaply over slagmarken, og i løpet av krigen skjøt israelske jagerfly ned flere MiG-fly med russiske piloter.

Ti israelske piloter ga livet sitt i luftkampene under Utmattelseskrigen, og den kunnskapen de betalte for med sitt blod, ble en del av USAs og NATOs forsvarsdoktrine mot sovjetiske fly og raketter.

Men allikevel ble ikke Israel intivert til et strategisk partnerskap med USA. I mange mektige institusjoner i Washington, som blant annet utenriksdepartementet, var det stor skepsis til Israel. Diplomatene mente at de hadde fått en mye tøffere jobb på grunn av det amerikanske vennskapet med Israel.

På denne tiden utviklet Washington tre strategiske målsetninger for diplomatiet og samarbeidet med statene i Midtøsten. For det første ville de benytte vennskapet med landene til å stå imot den sovjetiske trusselen. For det andre ville de lokke araberne til et nærmere vennskap med onkel Sam. Og for det tredje ville de opprettholde Israels sikkerhet. Israels posisjon i Washington svingte fram og tilbake ettersom hvilke makthavere du snakket med og ettersom hvilken av disse målsetningene som fikk prioritet i dagens situasjon.

Faktum er at Israels seier i Seksdagerskrigen, og Israels urokkelige kamp mot Egypt og Sovjetunionen i Utmattelseskrigen fra 1967 til 1970, hadde reddet USA fra et mulig nederlag i den kalde krigen.

Samtidig som Sovjetunionen hadde utviklet vennskapet med en rekke araberland i Midtøsten, hadde USA skaffet seg to mektige og viktige orientalske venner i form av Tyrkia og Iran. Men sovjeterne hadde utviklet en plan for å utvide sin innflytelse til Indiahavet og langs kysten av Øst-Afrika, og på denne måten ville de omringe de to mektige amerikanske vennene.

Det kan godt tenkes at dersom de sovjetiske planene hadde blitt en virkelighet, ville Tyrkia og Iran i praksis føle seg tvunget til å gi etter for det sovjetiske presset, og dermed ville USA stå uten noen mektige venner i Midtøsten. Da ville NATO ha stått overfor en fiende som flankerte Europa på tre kanter: Både fra Øst-Europa, fra Midtøsten og fra Nord-Afrika.

Samtidig som USA var mer opptatt av å sende en mann til månen, forhindret Israel en mulig sovjetisk seier i den kalde krigen ved at det israelske forsvaret satte en stopper for Moskvas planer. Da Israel erobret Sinaihalvøya og fikk kontrollen over østbredden av Suezkanalen, ble kanalen raskt stengt, og de sovjetiske våpenleveransene som tidligere hadde gått gjennom kanalen, stoppet opp. Når Israel dessuten beholdt kontrollen over kanalen i Utmattelseskrigen og nektet å trekke seg ut, ble de sovjetiske planene lagt på is.

Israel styrket også USAs interesser i regionen på andre måter. Da det viste seg at PLO i praksis hadde opprettet en «stat i staten» i Jordan, der de palestinske terroristene oppførte seg som de ville uten å ta hensyn til rikets lover, var det stor fare for at den USA-vennlige kong Hussein ville bli styrtet fra tronen, og dette ville åpne veien for en syrisk maktovertagelse. Da Hussein gikk til krig mot de palestinske terrororganisasjonene i september 1970, var det overhengende stor fare for at både Syria og Irak kunne finne på å gripe inn i kampene, og dermed ville også Jordan bli en *de facto* sovjetisk satellittstat.

USA kunne selvfølgelig ha reddet situasjonen ved å sette sine egne styrker til disposisjon for den jordanske kongen, men Det hvite hus nølte med å gjøre dette siden amerikanske styrker i kamp i Jordan kunne bety at også Sovjetunionen ville gripe inn på Syrias side. Resultatet ville ha vært tredje verdenskrig.

Dermed fikk Israel en sentral rolle som USA ikke kunne innta av frykt for å tirre sovjeterne. Israel sendte klare advarsler til både Syria og Irak om at de ikke hadde noen motforestillinger mot å gripe inn overfor disse to araberstatene hvis de på noen måte forsøkte å stanse kong Husseins kamp mot PLO.

Det var denne israelske hjelpen som førte til at utenriksminister Henry Kissinger senere ringte til Israels ambassadør Yitzhak Rabin og ba ham om å overbringe et budskap fra president Richard Nixon til Israels statsminister Golda Meir: «Presidenten vil aldri glemme Israels rolle i å forhindre forverrelsen i Jordan. Han sa at USA er heldige som har en alliert som Israel i Midtøsten».[17] Dette var første gang som USA offisielt henviste til Israel som «alliert».

Det var på grunn av dette styrkede vennskapet som USA etterhvert fikk rollen som megler i konflikten og forsøket på å skape fred mellom Israel og araberlandene. Dette var noe som ble spesielt tydelig i 1978, da Israels statsminister Menachem Begin og Egypts president Anwar Sadat kom sammen på Camp David i Maryland for å legge grunnlaget for en fredsavtale mellom de to landene.

Israel ble nødt til å foreta store offer for å undertegne denne fredsavtalen. For det første mistet Israel de oljekildene de hadde utviklet i Sinaiørkenen, noe som både hadde en negativ strategisk og en negativ økonomisk effekt. Dessuten ble de nødt til å fjerne flere militærbaser og bygge nye på den andre siden av grensa. De mistet også store områder som hadde strategisk betydning for forsvaret av den jødiske staten. Som kompensasjon for dette, fikk Israel en gavepakke fra USA som blant annet betydde at USA finansierte noen av de nye militærbasene som Israel ble nødt til å bygge i Negevørkenen. Men den amerikanske økonomiske hjelpen var ikke begrenset til den jødiske staten. Den andre parten i fredsprosessen, Egypt, høstet ene og alene store økonomiske fordeler av fredsavtalen,

17 Douglas Little, *American Orientalism: The United States and the Middle East since 1945*, London: IB Tauris & Co Ltd, 2003, side 106.

men allikevel var onkel Sam like gavmild overfor dem som han var mot Israel. Egypt fikk også økonomisk og militær hjelp fra den amerikanske regjeringen for å sette fredsavtalen ut i livet. For USA sin del førte fredsavtalen til at Egypt skiftet side fra sovjeternes til amerikanernes i den kalde krigen.

Utover 1980-tallet tok Israels samarbeid med president Ronald Reagan fart, og i 1983 undertegnet de to landene en avtale om strategisk samarbeid. Denne avtalen betydde at USA nå kunne begynne å høste store frukter av det samarbeidet de hadde med Israel.

Israel gikk med på å ta imot amerikanske krigsskip på kort varsel, og den amerikanske marinens sjette flåte ble nå en fast gjest på den israelske havna i Haifa. I den moderne israelske havnebyen kunne amerikanske sjøfolk føle seg trygge hvis de gikk i land for å besøke restauranter eller handle, noe som ikke var normen i den delen av verden. Amerikanere blir alltid godt mottatt av den språkkyndige jødiske befolkningen i Israel.

I Haifa hadde marinen tilgang på noen av de beste håndverkerne og ingeniørene i hele verden dersom skipene trengte noen form for reparasjoner eller vedlikehold, samtidig som de israelske sykehusene kunne tilby topp moderne legehjelp for alle amerikanske sjøfolk som var i behov av medisinsk behandling. I Israel var det dessuten god tilgjengelighet på drikkevann og ferske matvarer, siden Israel som kjent er blitt berømt for eksport av frukt og grønnsaker av høyeste kvalitet.

Samarbeidet betydde også at USA fikk bedre kunnskap om sovjetiske fly. I 1985 fikk USA leie to skvadroner med israelske jagerfly av typen Kfir, som på mange måter minner om det sovjetiske MiG-23, som den amerikanske marinen og marinekorpset benyttet i treningen. Og siden israelske dieseldrevne ubåter hadde mye til felles med Warszawa-paktens ubåter, og de israelske sjøfolkene viste seg å være flinke til å foreta unnamanøvre, oppdaget også den amerikanske marinen at israelske ubåter med fordel kunne spille rollen som «sovjetisk skurk» i forskjellige øvelser på dypt vann.

I Negevørkenen kunne USA trene på en måte som de ikke kunne i noen av de andre NATO-landene, slik som Vest-Tyskland, der de amerikanske basene lå altfor nær sivilbefolkningen. Dessuten fikk USA tilgang til tre viktige israelske flybaser i Negevørkenen. Her kunne amerikanske angrepshelikoptre praktisere skyting på avanserte israelske mål.

Det er bare Gud som vet hvor mange amerikanske soldaters liv som ble spart i Golfkrigen i 1991 eller i andre konflikter på grunn av den kunnskapen det amerikanske forsvaret har fått og det de har lært av Israel.

Under Golfkrigen mot Saddam Husseins styrker i 1991 brukte det amerikanske forsvaret flere israelske våpen, som blant annet Popeye luft-til-bakke-raketter, ubemannede droner og utstyr for å rydde irakiske minefelt. Både før og under krigen hadde den amerikanske og den israelske etterretningen en dialog om taktikk og om hvordan USA kunne bekjempe Iraks raketter. Etter krigen sa forsvarsminister Dick Cheney at det amerikansk-israelske samarbeidet «var et viktig bidrag til de alliertes suksess mot Irak.»[18] Nå var det åpenbart for alle at Israel plutselig var blitt en viktig del av den amerikanske militære strategien.

Når man i dag går og handler på markedet i Gamlebyen i Jerusalem, kan man se mange t-skjorter med forskjellige komiske motiv eller tekster. På en av disse t-skjortene er det en tegning av et israelsk jagerfly, og teksten på skjorta lyder: «Amerika, vær ikke bekymret! Israel står bak dere.» Historien fra de siste 40 årene viser at teksten på den t-skjorta i høyeste grad er sann. Med Israel i ryggen, har USA en unik fordel som EU, Russland, Kina og alle andre stormakter bare kan drømme om.

---

18 Karen L. Puschel, *US-Israeli Strategic Cooperation in the Post-Cold War Era: An American Perspective*, Tel Aviv University, 1992, side 145.

Kapittel 2
Roten til alt ondt

Den verste katastrofen som noensinne har rammet det jødiske folket, var kanskje nazistenes Holocaust, der seks millioner jøder ble myrdet mellom 1933 og 1945.

Hvis man skal forske for å finne årsakene til hvordan en gruppe mennesker kunne utføre en så grusom forbrytelse mot en annen gruppe mennesker, uten at omverdenen forsøkte å gripe inn, er det åpenbart at det ikke finnes ett enkelt svar. Mange ulike faktorer, i mange forskjellige land, bidro til å legge grunnlaget for dette folkemordet. Og dessverre er USA et av landene der vi kan finne både ideologiske, politiske, teknologiske og kanskje framfor alt økonomiske årsaker til hvorfor nazistene kunne gjennomføre et folkemord på seks millioner mennesker.

Henry Ford er et velkjent og anerkjent navn blant automobil-entusiaster over hele verden. Han har fått æren av å ha revolusjonert den amerikanske bilindustrien da han introduserte den berømte T-Forden, som var den første bilen som ble produsert på samlebånd.

Men Henry Ford var ikke bare en berømt forretningsmann og oppfinner. Han var også en beryktet antisemitt. Kanskje en av de verste i begynnelsen av det 20. århundre.

Ford var overbevist om at jødene hadde ansvaret for første verdenskrig og kommunismen, og i 1920 kjøpte han avisa *Dearborn Independent*, der han senere spredde sin antisemittiske propaganda. Mye av denne propagandaen var bygd på forfalskningen *Sions vises protokoller*. «Fattig i massene, men allikevel kontrollerer han verdens finanser ... han er blitt makten bak mange troner,» kunne man lese i den første utgaven av Fords avis den 22. mai 1920. Fire år senere var dette blitt en av USAs største aviser med 700 000 abonnenter.

Han publiserte også ei bok i fire bind ved navn *The International Jew* («Den internasjonale jøden»), som ble oversatt til 16 språk og som solgte flere millioner kopier. Fords verk ble blant annet oversatt til tysk, og Fords antisemittisme spredde seg som ild i tørt gress i Tyskland og var med på å legge det ideologiske grunnlaget for nazismen.

Da Baldur von Shirach, som var leder for Hitler Jügend, vitnet i rettssaken i Nürnberg etter Holocaust, innrømmet han at Fords bok hadde påvirket ham i negativ retning: «Den avgjørende antisemittiske boka som jeg leste på den tiden, og den boka som påvirket kameratene mine, var Henry Fords bok, *Den internasjonale jøden*. Jeg leste den og ble antisemittisk.»[19] Von Shirach forklarte videre

19 Nuremberg Trial Proceedings vol. 14, Lillian Goldman
   Law Library, Yale Law School,

at mange unge i Tyskland på 1920-tallet så opp til USA og tok til seg av den berømte amerikanske bilprodusentens tanker. Hitler selv ga faktisk uttrykk for at han beundret Ford i sin egen bok, *Mein Kampf*.[20] Ja, redaktørene for Reynal and Hitchcock sin engelske oversettelse påstod til og med at en del av *Mein Kampf* er direkte kopier fra Fords avis.[21]

Dessverre var Henry Ford på ingen måte den eneste antisemitten som hadde sterk innflytelse på den amerikanske opinionen. Flere av de kristne kirkesamfunnene i USA har også vært med på å kaste bensin på bålet.

Under de store vekkelsene på 1800-tallet sendte amerikanske kirkesamfunn ut mange hundre misjonærer til Midtøsten. Men da de kom dit og forsøkte å forkynne evangeliet blant arabere, oppdaget de at de fleste muslimene ikke var interessert i å konvertere fra islam til kristendommen.

Istedenfor at de kristne misjonærene vant araberne for Kristus, begynte de å spre ideer om «modernitet» og nasjonalisme blant araberne. Blant araberne i Midtøsten hadde det vestlige nasjonalistiske begrepet hatt liten eller ingen

http://avalon.law.yale.edu/imt/05-23-46.asp

20 Jeg vil ikke bringe noen sitater fra *Mein Kampf* i denne boka, men lesere som ønsker å forske i dette, kan finne Hitlers varme uttalelser om Ford i Adolf Hitler, *Mein Kampf*, engelsk utgave publisert av Reynal and Hitchcock, New York, 1941, side 930.

21 Ibid., side 929.

betydning, men sakte og sikkert begynte de nasjonalistiske ideene å få fotfeste i regionen.

«Vi sendte hundrevis av misjonærer dit på 1800-tallet, og det endte med at de fremmet den arabiske nasjonalismen,» forklarte CAMERAs kristne mediaanalytiker Dexter Van Zile. Han tilføyde at det tok et tiår før misjonærene forsto at de ikke ville klare å konvertere muslimene til kristendommen.[22]

Det er et velkjent faktum at kristendommen har en lang og vond antisemittisk historie i bagasjen, og dermed kommer det kanskje ikke som en overraskelse at mange kristne misjonærer også spredde antisemittiske tanker og lære blant araberne. Og siden misjonærene ofte hadde sterke bånd til den relativt ferske amerikanske utenrikstjenesten, fikk misjonærenes antisemittisme en fremtredende plass i de rapportene som de amerikanske konsulene og diplomatene sendte tilbake til utenriksdepartementet i Washington. Misjonærene var med på å legge grunnlaget for utenriksdepartementets skepsis til og direkte motstand mot sionismen og Israel.

Ved fredskonferansen i Paris i 1919, der det diplomatiske grunnlaget for det moderne Midtøsten ble lagt, spilte misjonærene en sentral rolle. Misjonærene var sterke motstandere av Balfour-deklarasjonen og foreslo isteden at den tyrkiske provinsen Syria burde bevares intakt, med Palestina som en integrert del, og at det burde opprettes en uavhengig arabisk stat under amerikansk

22 Dexter Van Zile på *The Tovia Singer Show*, Israel National Radio, 26. mai 2010.

beskyttelse i Syria-Palestina. «Fra det amerikanske misjonssamfunnet kom dermed stimulansen for det som etterhvert ville representere arabiske nasjonalisters svar på Balfourdeklarasjonen,» som en amerikansk forfatter skrev.[23] Det er verdt å merke seg at ved denne fredskonferansen var den høyeste arabiske lederen, emir Faisal, faktisk en tilhenger av å gi jødene rett til et hjemland i det området som på den tiden ble kalt for Palestina. De kristne misjonærene var altså mer «pro-arabiske» enn arabernes egen øverste leder.

Den amerikanske forretningsmannen og arabisten Charles Crane, som var involvert i det amerikanske diplomatiet i Midtøsten på denne tiden, hevdet at araberne stolte på Amerika på grunn av misjonærenes arbeid, og dermed sto USA i gjeld til araberne. Crane hevdet at jødene på ingen måte kunne ha myndighet over kristne og muslimske hellige plasser. Dermed anbefalte Crane at fredskonferansen i Paris burde forkaste sionistenes planer.[24]

Mange amerikanske forretningsmenn var dessuten involvert i å legge et økonomisk grunnlag for det Holocaust som ventet like rundt hjørnet. På 1920-tallet var Tyskland på fattigdommens rand, og de hadde verken penger eller olje til å bygge opp en hær, bygge konsentrasjonsleire eller starte en verdenskrig. Det var amerikanske forretningsmenn som hjalp dem å finansiere andre verdenskrig og

23 Peter Grose, *Israel in the Mind of America*, New York: Alfred A. Knopf, 1983, side 87.
24 Ibid., side 88.

Holocaust. Uten de amerikanske pengene, ville det tyske nazipartiet kun ha vært en liten fotnote i verdenshistorien.

I november 1919 ble den amerikanske private banken W.A. Harriman & Co. grunnlagt, og i løpet av de kommende årene ville denne banken bli sterkt involvert i oppbyggingen av den tyske økonomien etter første verdenskrig. Det var de velstående amerikanske finansbrødrene Averell og Roland Harriman som sto bak banken, sammen med forretningsmannen George Herbert Walker. Walker fikk jobben som bankens president, mens Averell Harriman var styreformann. Percy Rockefeller var en av de som gjorde store investeringer for at banken skulle bli en virkelighet.

Den nye banken begynte snart å gjøre store forretninger med Tyskland, og i løpet av tre år solgte de tyske obligasjoner for mer enn 50 millioner dollar til amerikanske investorer. Allerede året etterpå bekjentgjorde Averell at han ville starte opp det tyske rederiet Hamburg-Amerika Line på nytt. Kort tid senere vokste rederiet og ble verdens største private rederi, og i løpet av de neste 20 årene hadde Harriman kontroll over alle rederiets aktiviteter i USA.

I 1922 gikk Harriman og Walker sammen om å opprette et europeisk hovedkvarter i Berlin, og Averell reiste til den tyske hovedstaden for å opprette den europeiske avdelingen av W.A. Harriman & Co.

I Berlin begynte de å gjøre forretninger med Fritz Thyssen, en tysk finansmann som av historikerne blir betraktet som den største økonomiske bidragsyteren på Adolf Hitlers vei mot tronen. Thyssen var til stede ved en av Hitlers taler for første gang i 1923, og han ble så imponert av det han hørte at han donerte store pengesummer til nazipartiet. Thyssen skal selv ha uttalt at han totalt ga en million mark til Hitlers parti. I 1931 meldte han seg formelt inn i nazipartiet, og før valget på ny Reichstag i 1933 overtalte han tyske industrialister til å støtte partiet med tre millioner mark. Han stilte også på partiets valglister og fikk et sete i nasjonalforsamlingen.

I 1924 ble Union Banking Corporation opprettet som en enhet i W.A. Harriman & Co. sine kontorer på Manhattan. Banken var en del av samme konsern som Vereinigte Stahlwerke, som Fritz Thyssen og de to brødrene hans kontrollerte. Dette var et av de største stålverkene i den tyske industrien, og de leverte opptil 50 prosent av mange typer metaller som Tyskland trengte i opprustningen på 1930-tallet. De produserte også hele 35 prosent av alt sprengstoff i Nazi-Tyskland.[25]

Selve konsernet var blitt opprettet av den amerikanske bankmannen Clarence Dillon. Blant konsernets eiere kunne man finne både Fritz Thyssen og Friedrich Flick, en tysk industrialist som donerte store pengesummer til nazipartiet slik at de kunne finansiere de private paramilitære styrkene i SA og SS.

25 Webster G. Tarpley og Anton Chaitkin, *George Bush: The Unauthorized Biography*, Washington: Executive Intelligence Review, fjerde opplag, 2008, side 29.

En ung og uerfaren finansmann ved navn Prescott Bush hadde også kommet inn i det fine selskapet. Høsten 1919 ble han kjent med George Walkers datter, Dorothy, og to år senere giftet de seg. Fra da av var Bush involvert i Harrimans og Walkers økonomiske eventyr, og i mai 1926 ble han ansatt som visepresident i banken W.A. Harriman & Co.

Året etterpå skiftet banken navn til Harriman Brothers and Company, og i 1931 fusjonerte de med den britisk-amerikanske Brown Brothers. Den nye Brown Brothers Harriman var den største private banken i USA og den med mest politisk innflytelse.

Men selv om Brown Brothers Harriman fortsatt gjorde transatlantiske forretninger i stor skala i løpet av 1930-tallet, ville en annen bank snart ta over plassen som den viktigste økonomiske institusjonen i de tysk-amerikanske forretningene.

I 1930 ble Bank of International Settlements (BIS) grunnlagt på intiativ av Hjalmar Horace Greeley Schacht, en mann som senere ville få jobben som nazistenes finansminister og president for den tyske Reichsbank. Blant bankens eiere kunne man blant annet finne First National Bank of New York, Bank of England, Reichsbank, Bank of Italy, Bank of France og andre sentralbanker. Presidenten i banken var en amerikaner ved navn Thomas Harrington McKittrick.

Ifølge grunnleggerne var hensikten med banken at den skulle være en kanal for de krigsskadeerstatningene som Tyskland skulle betale som en følge av første verdenskrig. Men det skulle vise seg at banken fikk en mye mer skjebnesvanger rolle enn dette.

Da banken ble opprettet, bestemte eierne at den skulle være et instrument som verdens økonomiske ledere kunne benytte seg av til å opprettholde kommunikasjonen og samarbeidet seg imellom, til og med midt under en internasjonal konflikt. Samtidig gikk regjeringene med på at BIS skulle være immun for sensur og at regjeringene ikke ville stenge banken eller beslaglegge konto-beholdningen selv om eierne var i krig med hverandre.

Resultatet var at BIS ble en kanal for britiske og amerikanske investorer som øynet store muligheter for å drive forretning i Nazi-Tyskland, og disse investeringene betydde at Hitler hadde råd til å bygge opp sin krigsmaskin i løpet av det skjebnesvangre 1930-tallet.[26]

Det anerkjente amerikanske advokatfirmaet Sullivan & Cromwell var også involvert i forretningene med nazistene på denne tiden, og det var spesielt de to Dulles-brødrene, Allen og John Foster, som sto for denne handelen.

Allen Dulles benyttet dette tiåret til å grunnlegge et økonomisk nettverk med trekanthandel mellom tyske selskaper, amerikanske oljeselskaper og kong Ibn Saud av Saudi Arabia, der det nettopp var funnet store mengder olje.

John Foster Dulles ble også utnevnt til representant for flere tyske selskaper, blant annet

---

26 Charles Higham, *Trading with the Enemy: The Nazi-American Money Plot 1933-1949*, New York: Barnes & Noble Books, 1995, side 1-2.

I.G. Farben, som produserte den beryktede Zyklon-B gassen som nazistene benyttet i gasskammerne i de tyske konsentrasjonsleirene.[27]

Men det var ikke bare penger som strømmet fra amerikanske forretningsmenn til det tyske riket i denne perioden. I boka *IBM and the Holocaust* har forfatteren Edwin Black forklart hvordan det amerikanske selskapet IBM hadde en strategisk allianse med Nazi-Tyskland som begynte i 1933, noen få uker etter at Hitler hadde kommet til makten, og som varte til godt uti andre verdenskrig. Boka forklarer hvordan nazistene benyttet seg av IBMs teknologi og maskiner da de skulle registrere alle jøder i Europa og organisere forsendelsene til konsentrasjons- og dødsleirene. «Hitler gjorde det ikke på egen hånd. Han fikk hjelp,» som Black skrev i innledningen til boka.

Historikere har ofte vært forbløffet over hvor raskt og velorganisert nazistene utførte Holocaust på seks millioner jøder. Sannheten er at det var IBMs teknologi som gjorde dem i stand til å gjøre dette. IBM produserte hullkortmaskiner, som var forløperne til de moderne datamaskinene, og med hjelp av disse maskinene kunne nazistene holde kontroll på hvor alle europeiske jøder befant seg og hvilke leire de skulle sendes til.

IBM og det tyske datterselskapet deres tilpasset maskinene ettersom hvilke behov nazistene hadde. Så tjente de penger på å leie ut de spesialtilpassede hullkortmaskinene til Tyskland. I tillegg fikk de en

---

27 John Loftus og Mark Aarons, *The Secret War Against the Jews,* New York: St. Martin's Griffin, 1997, side 55-80.

42

del inntekt på at de forsynte Tyskland med 1,5 *milliarder* hullkort i året.

Da Japan gikk til angrep på Pearl Harbor i desember 1941 og Tyskland erklærte krig mot Amerika, hadde amerikanske enkeltpersoner og selskaper investeringer til en total verdi av 475 millioner dollar i Tyskland. Noen av de største gigantene på investeringsfronten var Standard Oil of New Jersey med 120 millioner dollar, General Motors med 35 millioner, ITT med 30 millioner, og Ford med investeringer i Nazi-Tyskland for 17,5 millioner dollar.[28]

Men selv om USA og Tyskland nå var i krig med hverandre, betydde det ikke at disse amerikanske selskapene på noen måte satte sluttstrek for det økonomiske samarbeidet med nazistene.

På denne tiden kontrollerte britiske og amerikanske interesser store deler av verdens olje, og det tyske krigsmaskineriet importerte olje fra amerikanske selskaper. I 1942 solgte Standard Oil of New Jersey olje via det nøytrale Sveits til Tyskland. Nazistene gjorde også forretninger med andre bransjer. Paris-filialen til Chase Bank gjorde forretninger til en verdi av mange millioner dollar med nazistene. Ford bygde lastebiler for de tyske okkupasjonsstyrkene i Frankrike etter at hovedkontoret i Michigan hadde godkjent denne handelen. Oberst Sosthenes Behn, som var sjefen for det amerikanske teleselskapet ITT, fløy til Sveits

---

28 Charles Higham, *Trading with the Enemy: The Nazi-American Money Plot 1933-1949*, New York: Barnes & Noble Books, 1995, side xvi.

midt under krigen for å bygge opp nazistenes kommunikasjoner. ITT eide faktisk aksjer i Focke-Wulf, som produserte jagerfly for nazistene.[29][30]

I løpet av 1942 bestemte den amerikanske regjeringen seg for å i det minste begrense handelen mellom USA og Tyskland. Den 20. oktober 1942 ga USAs regjering ordre om å beslaglegge nazistenes bankvirksomhet i New York, som gikk under navnet Union Banking Corporation. Prescott Bush var direktør for denne banken, og blant aksjeeierne fant man slike navn som Roland Harriman og Bush. Ifølge den amerikanske regjeringens ordre var de amerikanske aksjeeierne nevnt som eiere «til fordel for ... medlemmer av Thyssen-familien, og er eiendom til statsborgere ... i et fiendtlig land.»

Åtte dager senere ga regjeringen ordre om å beslaglegge tilgangene til to andre organisasjoner som Brown Brothers Harriman kontrollerte: Holland-American Trading Corporation og Seamless Steel Equipment Corporation. Og i november beslagla de tilgangene til Silesian-American Corporation, som var kontrollert av Prescott Bush og George Herbert Walker.

Om sommeren 1942 fikk styret i Bank of International Settlements høre at den amerikanske

29 Ibid, side xv.
30 En av historiens forskrudde ironier er at ITT på 1960-tallet saksøkte de allierte for det økonomiske tapet de ble påført under det allierte bombardementet av Focke-Wulfs fabrikk i Tyskland under andre verdenskrig. ITT ble tilkjent 27 millioner dollar i kompensasjon. Se Anthony Sampson, *The Sovereign State*, London: Hodder and Stoughton, 1973.

generalen Dwight D. Eisenhower hadde planer på å invadere Nord-Afrika. Og siden de tyske bankdirektørene forsto at Tyskland ville tape krigen og kursen på amerikanske dollar snart ville gå opp, overførte de ni milliarder gullfranc via BIS til Alger. Og da det tyske nederlaget var et faktum, økte verdien av disse pengene over natten fra 350 til 525 millioner dollar.[31]

Mot slutten av krigen brukte pengesterke nazister BIS til å sende gull til en verdi av 378 millioner dollar til en konto i Basel, Sveits, der de tyske lederne ville ha tilgang på pengene etter krigen. Dette var gull som var blitt stjålet fra nasjonalbankene i Østerrike, Nederland, Belgia og Tsjekkoslovakia. Noe av gullet kom dessuten fra tennene til seks millioner jøder som var blitt utryddet i Auschwitz og andre konsentrasjonsleire.[32]

Også på det politiske plan finnes det mye som tyder på at den amerikanske regjeringen i løpet av 1930-tallet forsøkte å blidgjøre nazistene.

Da det blåste rundt Tsjekkoslovakia og Sudetenland i 1938, bønnfalte president Franklin Roosevelt Hitler om å sammenkalle en internasjonal konferanse i München der de kunne dele opp landet på en fredelig måte. «Hvis du går med på en løsning på denne fredelige måten, er jeg overbevist om at mange hundre millioner over hele verden vil betrakte din gjerning som en utmerket historisk

---

31 Charles Higham, *Trading with the Enemy: The Nazi-American Money Plot 1933-1949*, New York: Barnes & Noble Books, 1995, side 11.

32 Ibid, side 1.

tjeneste for hele menneskeheten,» skrev Roosevelt til den tyske Führer. På tross av den forfølgelsen som pågikk mot jødene i Tyskland og Østerrike, hadde Roosevelt ingen skrupler mot å la Hitler få direkte kontroll over ytterligere rundt 20 000 jøder i Sudetenland og indirekte kontroll over flere hundre tusen jøder i resten av Tsjekkoslovakia.

Industrialisten Charles Crane, som vi allerede har nevnt, diskuterte faktisk den jødiske «trusselen» med selveste Adolf Hitler i 1933. Etter samtalen oppfordret han amerikanske tjenestemenn til å «la Hitler få viljen sin». Og da utenriksdepartementet skulle sende en ny ambassadør til Berlin, fikk han følgende råd fra oberst Edward House: «Jødene bør ikke få lov til å dominere det økonomiske eller intellektuelle livet i Berlin, slik de har gjort i lang tid.»[33]

Den amerikanske regjeringen takket også nei til å redde jødiske flyktninger som forsøkte å redde livet. Den mest beryktede av disse episodene handler om de cirka 930 tyske jødene som fikk tillatelse til å forlate Nazi-Tyskland ombord på passasjerskipet *St. Louis*, men som verken fikk tillatelse til å gå iland på Cuba eller i USA.

Det hører med til historien at mange av de amerikanske konsulene som ble satt til å behandle visumsøknadene fra potensielle jødiske flyktninger, hadde fått sin utdannelse i en utenrikstjeneste som var formet av amerikanske misjonærers og forretningsmenns antisemittisme. Unge diplomater

---

33 Peter Grose, *Israel in the Mind of America*, New York: Alfred A. Knopf, 1983, side 97-98.

fikk undervisning om hvilken fare som immigranter, og da spesielt jøder, utgjorde for det amerikanske samfunnet.

Både den amerikanske og den britiske regjeringen takket nei til å gå til et militært angrep på det tyske utryddelsesmaskineriet under Holocaust. Det er blitt skrevet flere bøker som beskriver hvordan flere hundre tusen, og kanskje flere millioner, jødiske liv kunne ha vært spart dersom de allierte bombeflyene hadde fått i oppdrag å utslette noen av konsentrasjonsleirene, slik som Auschwitz og Treblinka, eller jernbanelinjene til disse leirene. Dersom bombeflyene hadde klart å utslette de to største krematoriene i Auschwitz, ville 75 prosent av den leirens dødsmaskineri vært borte.

På 1930-tallet vokste også nazismen og antisemittismen kraftig i Amerikas forente stater. En av de største nazistiske organisasjonene var Den tysk-amerikanske føderasjon (også kalt for Bund), som i praksis fungerte som USAs naziparti. Bundistene marsjerte på gatene i New York mens de bar nazistiske uniformer og viftet med det tyske flagget med hakekorset.

Mot slutten av 1938 hadde Bund 65 avdelinger over hele USA, og de drev 28 leire. Den største og mest beryktede av disse leirene var Camp Siegfried i Suffolk fylke, omtrent 100 kilometer øst for New York City på Long Island. Her bygde Bund opp en liten nazistisk landsby, og i løpet av 1930-tallet ble mange tusen ungdommer innlemmet i den nazistiske organisasjonen i denne leiren. I 1936 var pastor Kropp fra den evangelikale lutherske kirken i

New York en av hovedtalerne på et stort folkemøte i Camp Siegfried. To år senere, den 14. august 1938, kom 40 000 personer sammen i Camp Siegfried på det største nazistiske folkemøtet utenfor Tyskland. Også denne gang fikk pastor Kropp jobben som «feltprest».[34]

Da nazistene til slutt ble beseiret i mai 1945, var seks millioner jøder døde. Men det sto meget vel til med de amerikanske forretningsmennene som hadde vært med på å legge grunnlaget for dette massemordet.

Averell Harriman ble utnevnt til USAs ambassadør til Sovjetunionen midt under andre verdenskrig. Senere fikk han jobben som ambassadør i Storbritannia, handelsminister i den føderale regjeringen, guvernør i New York, assisterende utenriksminister og andre lignende jobber under presidentene Truman, Kennedy og Johnson. Han stilte også opp som presidentkandidat i Demokratenes primærvalg i 1952 og 1956. Hans innflytelse og råd var en av grunnene til at USA gikk til krig i Vietnam. I 1969 ble han tildelt presidentens frihetsmedalje.

Roland Harriman ble utnevnt til styret i den amerikanske avdelingen av Røde Kors i 1947.

Prescott Bush var etter andre verdenskrig aktivt involvert i Planned Parenthood, en organisasjon som jobber for fri abort og som ble grunnlagt av den kvinnen som åpnet USAs første abortklinikk. I 1952

---

34 John P. McTernan, *As America Has Done to Israel*, New Kensington, PA: Whitaker House, 2008, side 41-43.

ble han valgt til senator for Connecticut, en jobb han hadde i over ti år.

John Foster Dulles fikk en plass i Senatet, og under president Dwight Eisenhower tjente han som utenriksminister fra 1953 til 1959. Den amerikanske hovedstadens internasjonale flyplass er i dag oppkalt etter John Foster Dulles.

Allen Dulles fikk en toppjobb i den amerikanske etterretningen da han var direktør for CIA fra 1953 til 1961.

Flere av de tyske finanshaiene levde også et godt liv etter 1945.

Friedrich Flick ble dømt til sju års fengsel i rettssaken i Nürnberg, men tre år senere ble han løslatt av den amerikanske høykommissæren John J. McCloy. Med hjelp av venner i London og New York gjenoppbygde han forretningsimperiet sitt, og da han døde i 1972, var han en av verdens rikeste mennesker.

Emil Puhl ble dømt til fem års fengsel for krigsforbrytelser i Nürnberg. I 1950 ble han invitert til å komme til USA som spesiell gjest for Thomas McKittrick, som da var visepresident i Chase National Bank.

Det er verdt å merke seg at både den tyske regjeringen og tyske kristne i stor grad har tatt et oppgjør med det som deres forfedre foretok seg mellom 1933 og 1945. Mange amerikanske predikanter – og predikanter fra andre land – har reist rundt omkring i tyske menigheter, der de har oppfordret de tyske kristne til å be Gud og jødene om tilgivelse for det grusomme folkemordet på jødene under Holocaust. Men amerikanske kristne, derimot, og den amerikanske regjeringen, har på ingen måte tatt et like seriøst oppgjør med sin nasjons rolle i forberedelsene for Holocaust.

Kapittel 3
30 sølvpenger til Kissinger

«Jeg vil velsigne deg og gjøre ditt navn stort. Du skal bli til velsignelse!»[35]

Dette var Guds løfte til Abraham da den berømte patriarken la ut på den lange reisen til Kanaans land. Gud fortalte at han ville velsigne Abrahams etterkommere, og dette ville bety at etterkommerne hans ville bli en velsignelse for hele verden.

Mange nasjoner har opp gjennom årene fått erfare hvordan dette stemmer i virkeligheten. Den italienske kongen Teoderik den store (454-526) inviterte jødene til å slå seg ned i Rom, Napoli, Venezia, Milano og Ravenna der de arbeidet som selgere, bankmenn, dommere, bønder, juvelerere og kunstnere. Karl den store inviterte også jøder fra hele verden å komme til riket sitt. Han ville at jødene skulle starte industri og drive handel. Kong Vilhelm I inviterte jødene til å immigrere til England i det ellevte århundre, og når de kom dit, vokste den engelske økonomien.

Jødiske immigranter har også vært til stor økonomisk og politisk velsignelse for Amerikas forente stater. De første jødiske immigrantene kom

---

35 1 Mosebok 12,2.

til Amerika i 1654, tretti år før de første tyske immigrantene og femti år før de første skotske og irske immigrantene. I løpet av de kommende århundrene søkte mange jøder etter beskyttelse for den europeiske antisemittismen i Amerika, og de spilte en viktig rolle i opprettelsen og utviklingen av USA. I 1781, da den amerikanske dollaren kollapset og nasjonen var konkurs midt under den amerikanske uavhengighetskrigen, ble hele nasjonens økonomi reddet av den jødiske forretningsmannen Haym Solomons råd og generøsitet.

Solomon lånte ut enorme pengesummer til de amerikanerne som gikk i bresjen for revolusjonen, og da han døde i 45 års alder fire år senere, var han fattig som ei rotte. Selv om man ikke vet nøyaktig hvor mye USA skyldte Solomon, har Kongressen beregnet summen til rundt 656 000 dollar,[36] noe som var en astronomisk sum på den tiden.

Under borgerkrigen videreførte Joseph Seligman arven fra Solomon. USA var i behov av store pengesummer for å føre krigen mot rebellene i sør, og Seligman kjøpte amerikanske obligasjoner for over to hundre millioner dollar.

En annen jødisk immigrant som satte Amerikas ve og vel i høysetet, var den tyske jøden Heinz Alfred Kissinger, som endret navn til Henry Kissinger da han flyktet fra nazistene og ankom USA rett før andre verdenskrig brøt ut. Vel framme ble han innrullert i infanteriet, og under den

36 John P. McTernan, *As America Has Done to Israel*, New Kensington, PA: Whitaker House, 2008, side 57.

amerikanske invasjonen av Nazi-Tyskland hjalp han til med å spore opp nazister, Gestapo-offiserer og sabotører.

Deretter fikk han seg en utdannelse ved det anerkjente universitetet Harvard før han begynte å vie livet sitt til politikken, og da spesielt den amerikanske utenrikspolitikken.

I egenskap av rådgiver for nasjonal sikkerhet var Kissinger opptatt med å sabotere utenriksminister William Rogers' fredsforhandlinger med den egyptiske regjeringen på begynnelsen av 1970-tallet. Ifølge flere kilder gjorde Kissinger dette av personlige årsaker, fordi han ikke ville at utenriksdepartementet og Rogers skulle få æren for å ha skapt fred i Midtøsten.[37]

Etter at Rogers var ferdig som utenriksminister, var det nettopp Kissinger som tok over roret i det departmentet. Dette skjedde i september 1973, kun to uker før Jom kippur-krigen begynte. Under selve krigen, og i forhandlingene mellom partene etter at krigen var over, spilte Kissinger en sentral rolle. President Richard Nixon var travelt opptatt med å lytte til lydbåndene fra Watergate og hadde liten eller ingen tid til overs for en krig i Midtøsten, og dermed var det Kissinger som styrte det utenrikspolitiske spillet i Washington.

Da Kissinger fikk kontroll over den amerikanske utenrikspolitikken, var landet allerede avhengig av

---

37 Se f.eks. John Loftus og Mark Aarons, *The Secret War Against the Jews*, New York: St. Martin's Griffin, 1997, side 305-306, og Seymour Hersh, *The Price of Power*, New York: Summit Books, 1983, side 407.

saudiarabisk olje. Fire måneder i forveien hadde den saudiske kong Faisal fortalt de øverste sjefene i oljeselskapet Aramco, «Det arabiske amerikanske oljeselskapet», at Amerika var nødt til å endre på sin pro-israelske politikk eller ta konsekvensene av det arabiske oljevåpenet.[38]

I løpet av de siste timene før krigen brøt ut, var Kissinger ifølge historiebøkene opptatt av en hektisk diplomatisk aktivitet for å prøve å sette en stopper for krigen. Kissinger ringte til den sovjetiske ambassadøren, Anatolij Dobrynin, og sendte et telegram til kong Feisal i Saudi Arabia der han ba de to partene om å forsøke å holde Egypt og Syria tilbake.

Men sannheten var den at helt fram til krigsutbruddet, var Kissinger først og fremst opptatt av å forhindre at Israel kom egypterne eller syrerne i forkjøpet. Han ringte til Israels *chargé d'affaires* i Washington, Mordechai Shalev, og krevde at han skulle fortelle den israelske regjeringen at president Nixon bønnfalt Israel om ikke å starte krigen. Samtidig ga han den amerikanske ambassadøren i Tel Aviv, Kenneth Keating, ordre om å overbringe det samme budskapet direkte til statsminister Golda Meir. Kissinger gjorde dette selv om han hadde fått etterretningsrapporter om at alt var rolig på den israelske siden av grensa, mens de arabiske defensive posisjonene var i ferd med å gå over til offensive posisjoner.[39]

38 John Loftus og Mark Aarons, *The Secret War Against the Jews*, New York: St. Martin's Griffin, 1997, side 306.
39 Matti Golan, *Kissingers hemmelige samtaler*, Gyldendal,

Kissingers diplomatiske aktivitet var egentlig bare et spill for galleriet, for allerede to dager før krigen brøt ut hadde National Security Agency tydet flere sovjetiske beskjeder som bekreftet at det syriske og egyptiske angrepet ville finne sted på ettermiddagen den 6. oktober. Allikevel fikk NSA beskjed om å holde munn helt til noen få timer før angrepet fant sted.[40]

Dersom Israels regjering ikke hadde lyttet til Kissingers bønner, kunne det israelske luftforsvaret ha slått til mot de syriske og egyptiske styrkene cirka en time før araberne var rede til å starte krigen. Men Golda Meir og forsvarsminister Moshe Dayan bestemte seg for å vente fordi det ville gagne vennskapet med den amerikanske regjeringen.

Resultatet var at da det arabiske angrepet kom, var ingen av soldatene ved fronten rede for det bombardementet som plutselig ble sluppet løs mot dem. Hele 2800 israelske soldater ble drept under konflikten. Flere israelske soldater ble drept under den første dagen av krigen enn de som ble drept under hele Seksdagerskrigen. Hvis den israelske regjeringen hadde satt sine egne soldaters liv foran Kissingers politiske spill, er det ingen tvil om at mange av disse livene ville vært spart.

Nettopp fordi Israel valgte å ikke gå til angrep, vant de syriske og egyptiske styrkene mange viktige seire, og snart hadde de syriske stridsvognene utsikt over Galileasjøen. Flere dager etter krigsutbruddet

1976, side 40.

40 John Loftus og Mark Aarons, *The Secret War Against the Jews*, New York: St. Martin's Griffin, 1997, side 308-309.

fortalte forsvarsminister Dayan at de israelske stridsvognene sloss med det siste de hadde av ammunisjon. Nå var israelerne i desperat behov av forsyninger fra utlandet, og ettersom Israel hadde ventet pent med hendene i fanget mens araberne gikk til angrep, forventet de seg at USA raskt ville komme dem til unnsetning.

Men Kissinger forsøkte å hale ut tiden. Det kan virke som om Kissinger mente at den israelske nøden var en gylden anledning til å oppnå flere politiske mål, både for USA og for ham selv.

«Kissinger regnet med at militærhjelp til Israel – som ikke ville bety noe avgjørende på slagmarken – kunne ødelegge den politikk som hadde som mål samarbeid med Moskva og framtidige forbindelser med de arabiske land,»[41] skrev den israelske journalisten Matti Golan. Kissinger trodde antagelig at Israel ville klare seg bra på egen hånd, og hvis de klarte å vinne en seier uten å ha mottatt hjelp fra amerikanerne, ville ikke araberne klandre USA for den israelske seieren.

Samtidig regnet Kissinger med at Israel ville bli tvunget til å forhandle om fred med araberne dersom de led store tap i krigen. Kissinger skal ha fortalt forsvarsminister James Schlesinger at målet hans var at «Israel skulle komme ut med et overtak, men blø».[42] Samtidig ville en begrenset arabisk

41 Matti Golan, *Kissingers hemmelige samtaler*, Gyldendal, 1976, side 45.
42 John Loftus og Mark Aarons, *The Secret War Against the Jews*, New York: St. Martin's Griffin, 1997, side 312.
Seymour Hersh, *The Sampson Option*, New York: Random House, 1991, side 227. Daniel Yergin, *The Prize: The Epic*

seier bety at araberne kunne komme til forhandlingsbordet med løftet hode.

Dermed ble den israelske ambassadøren i Washington, Simcha Dinitz, overøst med tomme løfter om materiell bistand. Og samtidig som Kissinger på denne måten vant tid, fortalte han den sovjetiske ambassadøren hva som foregikk i forholdet mellom Israel og USA. Resultatet var at ambassadør Dobrynin, og dermed også den sovjetiske regjeringen, visste alt om hvor desperate Israel var etter nye forsyninger. Samtidig var Sovjetunionen travelt opptatt med å sende fullastede transportfly med militært materiell til de arabiske landene, men dette holdt de selvfølgelig munn om i kontakten med Kissinger.

Den 12. oktober, etter at krigen hadde rast i nesten ei uke, var israelerne så desperate at Meir sendte et telegram direkte til Nixon der hun bønnfalt om en luftbro med våpen og utstyr. Presidenten forsto at krigen var blitt en trussel for grunnlaget for den amerikanske politikken i Midtøsten. Hvis krigen endte med at Israel tapte eller ble svekket, ville Sovjetunionen få enda større innflytelse og dominans blant araberstatene.

Samtidig fikk Israel uventet hjelp fra stabssjefen i Det hvite hus, Alexander Haig, som allerede på krigens første dag hadde invitert israelerne til USA for å lære seg å bruke et nytt våpen som kunne sette en stopper for det arabiske panserangrepet. Førti israelske offiserer fikk opplæring i hvordan de

Quest for Oil, Money, & Power, New York: Touchstone, 1992, side 603.

skulle bruke den nye raketten på en militærbase i Georgia, og nå var de rede til å vende tilbake til Israel med de nye våpnene.

Lørdag den 13. oktober kunne Kissinger ringe til den israelske utenriksministeren Abba Eban for å fortelle at 67 transportfly nå var på vingene på vei til Israel, og dagen etter landet transportflyene på den internasjonale flyplassen ved Lod. Med de nye amerikanske rakettene kunne Israel stanse et massivt egyptisk panserangrep i Sinai.

Israel hadde nå de våpnene og det utstyret de behøvde for å avslutte krigen med hodet over vannet, og slutten av krigen gikk definitivt i Israels favør. Mot slutten av krigen opererte general Ariel Sharons styrker på vestbredden av Suezkanalen, ikke langt fra Kairo, og egypterne kunne ikke hindre israelerne fra å utflankere og ødelegge de to egyptiske armeene som hadde gravd seg ned i dette området. Egypt sto overfor en militær katastrofe av enda større dimensjoner enn Seksdagerskrigen. Israel trengte bare noen dager til for å fullføre jobben.

Men Kissingers politiske spill var bare såvidt begynt. I løpet av de kommende ukene ville Kissingers skytteldiplomati bringe ham fram og tilbake mellom Moskva, Jerusalem, Kairo, Damaskus og andre hovedsteder der han solgte de israelske framgangene på slagmarken for å vinne favør for seg selv og USA.

Den sovjetiske regjeringen ville tvinge igjennom en våpenhvile så snart som mulig for å forhindre at det egyptiske militæret kollapset, og da Kissinger ankom Moskva søndag kveld den 21. oktober, begynte forhandlingene i Kreml kun to timer etter at flyet hadde landet. Kissinger hadde på forhånd lovt Israel at han ville hale ut tiden slik at Israel fikk minst et par-tre dager til å fullføre det militære verket, men allerede samme kveld sendte Kissinger et telegram til Meir der han fortalte at han allerede hadde undertegnet en våpenhvile.

Meir var sjokkert over at Kissinger ville skrive under på en våpenhvileavtale uten å ha rådført seg med den israelske regjeringen. Meir mente at Kissinger hadde forrådt Israel, og senere på natten ble hun enda mer sjokkert da hun oppdaget at Kissinger hadde gitt den britiske utenriksministeren sir Alec Douglas-Home informasjon om avtalen før Israel fikk vite hva som var i gjære.[43]

Mye senere ville Israel få rede på at Kissinger også hadde gitt de sovjetiske lederne et løfte om at Israel ikke ville omringe den egyptiske tredje arme. Men ettersom Israel ikke fikk vite om dette «løftet», ble Sadat rasende da det nettopp var dette som skjedde.

Da partene sluttet å skyte, var det åpenbart at det måtte forhandlinger til for å sette FN-resolusjonene og en adskillelse av styrkene ut i livet. Israel ville ikke ha en megler, og ihvertfall ikke FN, som tidligere hadde vist at de var både partiske og ineffektive. Dermed foreslo Israel isteden at representanter for partenes militære myndigheter burde føre direkte forhandlinger under FNs

---

43 Matti Golan, *Kissingers hemmelige samtaler*, Gyldendal, 1976, side 73.

«beskyttelse». Tirsdag 30. oktober kom så Israels generalmajor Aharon Yariv og Egypts generalløytnant Abdel Ghany Gamasy sammen ved kilometerstein 101 på veien til Kairo.

I løpet av de kommende timene og dagene gjorde de to generalene store framskritt i forhandlingene ved kilometerstein 101. Det utviklet seg snart en vennlig tone dem imellom, og de ga hverandre vennlige råd om kosthold, kaffe og sigaretter. De ble snart enige om en utveksling av alle sårede krigsfanger.

Men Kissinger var ikke fornøyd over å se at partene kunne løse problemene på egen hånd uten USAs innblanding. Kissinger var av den oppfatningen at Sadat hadde nøklene for å åpne dørene til amerikansk innflytelse i Midtøsten, og dermed åpnet Kissinger en alternativ forhandlingskanal der han selv var megler mellom Meir og Sadat.

Allerede i mai 1970 hadde den amerikanske diplomaten Joseph Sisco fortalt den egyptiske presidenten Gamal Abdel Nasser: «De kan få nesten hva dere ber om fra Sovjetunionen, men det er bare vi som kan gi dere territorier.»[44]

Kissinger begynte nå å bygge videre på denne politikken. Han ville presse Israel til å gi innrømmelser til Egypt, og dermed ville egypterne vise velvilje overfor USA. Israel skulle med andre ord betale prisen for å åpne pyramidenes skattkammer for onkel Sam. Kissinger fortalte araberne om USAs anstrengelser for å oppnå fred,

44 Ibid, side 97.

en fred som ville føre til at Israel trakk seg tilbake, og at kun USA kunne få Israel til å gjøre noe slikt.

Samtidig ga han den israelske regjeringen klar beskjed om at USA og Kissinger var de eneste vennene som Israel hadde i hele verden. Dersom Israel nektet å høre på Kissinger, ville de i praksis være helt ensomme.

For Sadat var de doble forhandlingskanalene en stor velsignelse. Nå nektet Egypt å gjennomføre avtalene fra kilometerstein 101 siden de ville vente og se om Kissinger kunne få mer ut av Israel.

I løpet av november klarte de to generalene ved kilometerstein 101 å redusere avstanden mellom det israelske og det egyptiske standpunktet. Men Kissinger maste om at partene isteden burde komme sammen på Geneve-konferansen i desember. Dermed satte Jerusalem og Kairo sluttstrek for de to generalenes forhandlinger, og i løpet av de neste månedene fikk Kissinger rollen som megler. Han fløy fram og tilbake i skytteltrafikk mellom partene, og i januar 1974 kom Israel og Egypt fram til en avtale som ikke var særlig annerledes enn det Yariv og Gamasy var blitt enige om ved kilometerstein 101 i november.

Fra et israelsk og et egyptisk synspunkt hadde Kissingers skytteldiplomati vært mer eller mindre bortkastet. De hadde klart å komme fram til lignende avtaler mye raskere på egen hånd. De direkte forhandlingene ved kilometerstein 101 kunne til og med ha skapt presedens for fredsforhandlinger i framtiden.

Men fra et amerikansk synspunkt var skytteldiplomatiet uvurderlig. Det var dette diplomatiet som ga Kissinger og USA innpass i Egypt og som førte til at Sadat sluttet å spille på lag med Sovjetunionen og isteden ble en del av USAs forbundsfeller i Midtøsten.

Gjennom Jom kippur-krigen og det påfølgende skytteldiplomatiet hadde Kissinger oppnådd det han etterstrebet. På samme måte som Judas hadde tjent 30 sølvpenger på å selge sin beste venn til den politiske makteliten, hadde onkel Sam sikret seg arabernes velvilje ved å selge israelske erobringer i Kissingers skytteldiplomati.

Kapittel 4
Den israelske spionen

«Den straffen som blir utmålt, bør gjenspeile troløsheten til individets handlinger, størrelsen på det forræderiet som er begått, og behovet for nasjonal sikkerhet.»[45]

Disse ordene kunne man lese i et juridisk dokument som forsvarsminister Caspar Weinberger leverte til en amerikansk domstol i mars 1987, dagen før den israelske spionen Jonathan Pollard ble dømt til livstid i et amerikansk føderalt fengsel.

Det språket som Weinberger brukte, er meget oppsiktsvekkende. Weinberger brukte det engelske ordet «treason», som jeg har oversatt med forræderi. Den amerikanske grunnloven beskriver *treason* som at man fører krig mot USA eller hjelper USAs fiender. Når Weinberger anklaget Pollard for forræderi, hevdet han altså med andre ord at Israel er en av USAs fiender.

Historien om hvordan den amerikanske regjeringen har behandlet Jonathan Pollard, blir enda mer oppsiktsvekkende når man begynner å se

45 David Zwiebel, «Why Jonathan Pollard Got Life», Middle East Quarterly, volum IV, nummer 2, juni 1997, http://www.meforum.org/355/why-jonathan-pollard-got-life.

på detaljene om nøyaktig hvilke forbrytelser Pollard hadde gjort seg skyldig til.

Jonathan Pollard var en sivilist som i mange år jobbet for den amerikanske marinens etterretning. En gang på begynnelsen av 1980-tallet oppdaget Pollard at informasjon som var nødvendig for Israels sikkerhet, med vilje ikke ble videresendt til Israel av elementer innenfor det amerikanske etterretningsvesenet. Dette var informasjon som Israel hadde juridisk rett til ifølge en gjensidig avtale mellom de to landene.

Informasjonen handlet om syriske, irakiske, libyske og iranske programmer for kjernefysiske, kjemiske og biologiske våpen. Dette var våpen som i en krig godt kunne bli brukt mot Israel. I tillegg var det også informasjon om ballistiske raketter og terrorangrep mot israelske sivile mål.

Pollard oppdaget også at Vest-Tyskland delte avansert kunnskap om de våpnene som nazistene hadde utviklet, med araberne. Tyske gassfabrikker ble bygd i Libya og Irak, og der benyttet man samme formel som den de hadde perfeksjonert på jødene i Auschwitz 40 år i forveien.

Nervegassene soman, sarin og tabun hadde sin opprinnelse i I.G. Farbens vitenskapelige arbeid for Det tredje riket. Under andre verdenskrig perfeksjonerte nazistene formlene inkludert hvor mye gass man trenger for å drepe ett menneske. Det var denne gassen og kunnskapen som Vest-Tyskland eksporterte til Midtøsten.[46]

46 John Loftus og Mark Aarons, *The Secret War Against the Jews*, New York: St. Martin's Griffin, 1997, side 293 og

Pollard var naturligvis forundret over at USA ikke delte denne informasjonen med en av sine allierte, men da han spurte sine overordnede om hvorfor Israel ikke ble informert, fikk han høre at han skulle passe sine egne saker. «Jøder blir så nervøse når man snakker om giftgass. De trenger ikke å vite noe,» sa en av dem. Han ble også fortalt at en grunn til at Israel ikke fikk del av informasjonen, var at man ville begrense Israels mulighet til å handle på egen hånd og forsvare sine egne interesser.

Pollard var sjokkert over de svarene han fikk og mente at den amerikanske etterretningen på denne måten satte israelske sivile liv i fare. Hvorvidt dette faktisk er tilfelle, er meget usikkert. Faktum er at Israel på denne tiden hadde et av verdens beste etterretningsvesen, og det er godt mulig at Israel på egen hånd faktisk hadde tilgang til den samme informasjonen som den amerikanske marinens etterretning hadde. Men Pollard, som fryktet det verste, bestemte seg for å gjøre det han selv kunne for å hjelpe Israel med å forsvare seg selv mot de arabiske truslene. Da han forsto at det var nytteløst å overbevise sine overordnede om å endre standpunkt, bestemte han seg isteden for å ta saken i egne hender.

I 1984 begynte han dermed å overlevere hemmeligstemplede dokumenter til israelske kontakter. Det året advarte han blant annet Israel om at PLO snart ville motta en forsendelse av våpen via Hellas. Det Pollard ikke visste, var at han

574.

dermed avslørte Washingtons første transaksjon av britiske våpen til Iran.[47]

Dette var begynnelsen på det som senere er blitt kalt for Iran-Contras-skandalen, der flere medlemmer av den amerikanske regjeringen gikk med på å selge våpen til Iran for å finansiere de nicaraguanske Contras' kamp mot kommunismen. Dette var et klart brudd på de amerikanske lovene.

Selv om det finnes mange forskjellige versjoner om hvem som hadde ansvaret for Iran-Contras, virker det som om forsvarsminister Caspar Weinberger hadde en viktig rolle i dette spillet. Forskjellige historiske kilder hevder også at president Ronald Reagan og/eller visepresident George Bush var involvert i disse forbrytelsene. Det vi kan si med sikkerhet, er at Weinberger i 1992 ble dømt for mened og for å ha forhindret retten, og senere *samme år* ble han benådet av Bush, som nå var president.

I løpet av den perioden som Pollard var aktiv som israelsk spion, var Bush også travelt opptatt av å selge våpen til Saddam Husseins irakiske styrker. Den amerikanske regjeringen solgte altså våpen til begge parter i krigen mellom Iran og Irak. Det hvite hus var naturligvis redd for at både Iran og Irak kunne utgjøre en alvorlig trussel mot USA eller vennligsinnede araberstater i Den persiske gulf eller Arabia, og hva kunne da være bedre enn en langvarig stillingskrig der begge parter slet hverandre ut?

---

47 Ibid., side 194.

«Det blir klarere og klarere at George Bush til stor del handlet bak kulissene gjennom hele 1980-tallet, at han startet og støttet mye av den finansieringen, etterretningen og militære hjelpen som hjalp til med å bygge opp Saddams Irak til den stormakten de ble,» uttalte journalist Ted Koppel på ABC i juni 1992.[48] Siden den amerikanske regjeringen var direkte involvert i salg av våpen til flere av de araberlandene som Pollard informerte Israel om, betyr det altså at Pollard faktisk sladret om den amerikanske regjeringens våpensalg.

Professor Angelo Codevilla fra Boston University, som var involvert i det amerikanske militæret, utenriksdepartementet og etterretningen fra 1969 til 1985, fortalte i et intervju med Washington Weekly at den informasjonen som Pollard hadde overlevert til Israel, var informasjon som USA med vilje holdt tilbake i kjølvannet av det israelske luftangrepet mot Saddam Husseins irakiske atomvåpenprogram i juni 1981. «USA var opptatt med et sofistikert og meget vellykket forsøk på å gjøre Saddam Hussein til en pillar for den amerikanske utenrikspolitikken i Midtøsten,» forklarte Codevilla.

Professoren fortalte også i det samme intervjuet at den amerikanske regjeringen på begynnelsen av 1980-tallet hadde oppmuntret amerikanske og europeiske selskaper å gjøre forretninger i Irak, og at minst et av disse selskapene, Bechtel, faktisk

48 James Brian McPherson, *Journalism at the End of the American Century, 1965-Present*, Westport, CT: Praeger Publishers, 2006, side 125.

hadde bygd en fabrikk som senere ble brukt til å produsere kjemiske våpen for Saddam Hussein. «Hva er Jonathan Pollards rolle i alt dette?» spurte Codevilla, og svarte selv: «Han ga Israel amerikanske satellittbilder av disse fabrikkene, sammen med vurderinger fra den amerikanske etterretningen om hva disse fabrikkene gjorde. Disse bildene og vurderingene stred mot det som den amerikanske regjeringen offisielt fortalte Israel. Så israelerne kom til Amerika, og på offisielle møter kalte de folk som Weinberger løgnere, noe som disse tjenestemennene selvfølgelig ikke satte pris på.»[49]

I 1985 oppdaget den amerikanske etterretningen hva Pollard holdt på med, og da han til slutt ble arrestert, gikk han med på å samarbeide med FBI sin etterforskning.

Både den israelske og den amerikanske regjeringen, og Jonathan Pollard, ble enige om at de skulle løse saken uten noen formell rettssak. Pollard ble enig om at han skulle erklære seg skyldig og samarbeide med etterforskningen mot at han ikke skulle få livstid. Men da Weinberger vitnet om at Pollard hadde gjort seg skyldig i forræderi, og Weinberger anbefalte livstid, var det nettopp denne straffen han fikk.

---

49 Wesley Phelan, «The True Motives Behind the Sentencing of Jonathan Pollard», The Washington Weekly, 11. januar 1999, gjengitt av IMRA, «Angelo Codevilla: The True Motives Behind the Sentencing of Jonathan Pollard», 17. november 2009.

Pollard ble aldri formelt tiltalt for å ha skadet USA eller landets sikkerhet, og han ble heller aldri formelt tiltalt for forræderi. Han ble tiltalt og dømt ene og alene for å ha levert hemmeligstemplet informasjon til en alliert uten å ha til hensikt å skade USA.

Den amerikanske jøden Jonathan Pollard har dermed gått inn i historien som den eneste personen i amerikansk historie som er blitt dømt til livstid for å ha spionert for en alliert. De fleste som blir dømt for denne forbrytelsen i USA, får mellom to og fire års straff.

I et radioprogram på kanalen WABC fortalte dessuten kongressrepresentanten Gary Ackerman fra New York at til og med kommunistiske spioner har fått mildere straff enn det Pollard fikk. «Folk som spionerte for «det onde riket» under enhver president siden «det onde riket» eksisterte, folk som spionerte for alle kommunistiske land, fikk ikke en dom som var så hard eller tøff som det Pollard fikk.»[50]

Pollard ble umiddelbart satt i isolat tre etasjer under bakken, og der satt han i sju år. Ikke engang de sovjetiske spionene Aldrich Ames og John Walker, som begge forrådte USA og som antagelig påførte USA mer skade i den kalde krigen enn noen andre spioner, fikk lignende behandling.

50 The John Batchelor and Paul Alexander Show, WABC Radio 77 NYC, 23. juni 2001, gjengitt av IMRA, «WABC Special - Interview With Congressman Gary Ackerman - On Dual Loyalty, Double Standards, Anti-Semitism and Government Misconduct (Pollard Case)», 28. juli 2001.

Siden den gang har flere amerikanske regjeringer brukt Pollards vanskelige situasjon for å presse den israelske regjeringen til å gi ettergivelser i diverse fredsforhandlinger.

Den mest kjente episoden av denne typen skjedde høsten 1998, da statsminister Benjamin Netanyahus regjering gikk med på å gi fra seg kontrollen over 27 prosent av de administrerte territoriene i den såkalte Wye River-avtalen.

Den amerikanske diplomaten Dennis Ross, som var en av nøkkelspillerne i Oslo-prosessen, forklarer i sin bok *The Missing Peace* hvordan den amerikanske regjeringen kynisk brukte Pollard som en brikke i spillet rundt fredsprosessen.

«Hvis du vil høre mitt råd, ville jeg ikke ha løslatt ham nå,» sa Ross til president Bill Clinton under forhandlingene i Wye River. «Det ville ha vært en stor bestikkelse for Bibi.[51] Du har ikke mange slike i lomma di. Jeg ville ha spart det for den permanente statusen. Du vil trenge det senere, ikke bruk det nå.»

Men president Bill Clinton var av en annen oppfatning. «Vanligvis er jeg enig med deg, men dette dødpunktet har vart så lenge at det har skapt en slags vranglås. Forløs det, og mye blir mulig. Jeg tror ikke vi har råd til å vente, og hvis Pollard er nøkkelen til å få det gjort nå, bør vi gjøre det.»[52]

---

51 Bibi er klengenavnet på Israels statsminister Benjamin Netanyahu.

52 Dennis Ross, *The Missing Peace: The Inside Story of the Fight for Middle East Peace*, New York: Farrar, Straus and Giroux, 2004, side 438-439.

Men selv om Netanyahu mente at Clinton faktisk lovte at Pollard skulle løslates, sluttet forhandlingene ved Wye River uten noen løslatelse av Jonathan Pollard. Den israelske agentens navn hadde gjort «jobben sin» under forhandlingene, og USA ville fortsatt sitte med dette kortet på hånda i senere forhandlinger.

Tretten år senere senere måtte en amerikansk agent i Pakistan lide for den dårlige behandlingen som Pollard har fått i USA. Dr. Shakeel Afridi, en pakistaner som hadde hjulpet USA med å lokalisere Osama bin-Laden, ble arrestert av det pakistanske politiet og anklaget for å ha begått «høyforræderi» mot sitt hjemland Pakistan. Dette skjedde til tross for at Pakistan offisielt er alliert med USA i kampen mot terroristene i Al-Qaeda. CNNs nasjonale sikkerhetsanalytiker Peter Bergen uttalte at dette antagelig var et resultat av den presedensen som USA selv satte da de dømte Pollard for forræderi. «Hvorfor skulle Pakistan behandle sine innbyggere annerledes enn vi behandler amerikanere som spionerer for vennligsinnede land?» kommenterte Bergen.[53]

Vil dette bety at USA i framtiden vil få problemer med å rekruttere agenter til operasjoner som er nødvendige for å trygge Amerikas sikkerhet? Det er noe som kun tiden vil vise.

---

53 Peter Bergen i «The Situation Room», 7. oktober 2011, 17:00 ET, http://transcripts.cnn.com/TRANSCRIPTS/ 1110/07/sitroom.02.html.

Kapittel 5
De to tårnene

Hele verden stirret vantro på TV-skjermene da de to tvillingtårnene raste i bakken og flere tusen sivile mennesker måtte bøte med livet.

Den 11. september 2001 kommer til å gå ned i historiebøkene som en dag da hele verden, og spesielt befolkningen i Amerikas forente stater, ble rystet. For mange av TV-seerne var det ganske enkelt umulig å fatte hvordan fire fly kunne bli kapret på en og samme dag, og hvordan kaprerne kunne kjøre tre av dem rett inn i bygninger i New York og Washington.

Og da amerikanerne skulle sette seg ned og forsøke å finne årsaken til hvorfor det hadde gått så galt, var det ikke uvanlig at jødene fikk skylden. «Dere innser vel at deres mangel på respekt for palestinernes rettigheter skaffer rikelig av rekrutter for bin Laden?» var spørsmålet som en amerikansk kvinne stilte meg i en e-post hun sendte meg måneden etter det fryktelige terrorangrepet. På denne tiden drev jeg en hjemmeside med et israelsk domenenavn, og denne kvinnen trodde åpenbart at jeg dermed var israeler. «Er dere sikre på at dere er kvalifisert til å handle med eiendommer til prisen av amerikanske liv, frihet og moral?» fortsatte anklagene lengre ned i samme e-post.

I løpet av dagene og ukene etter 11. september fikk jeg flere elektroniske brev fra amerikanere som hevdet at dette angrepet skjedde nettopp fordi Amerika har vært en god venn av Israel og har støttet Israel i tykt og tynt. Det er jødenes skyld at USA blør, var konsensen.

Nyhetsbyrået Reuters siterte en meningsmåling som bekreftet at mange amerikanere mente at alt sammen var Israels feil. Kort tid etter angrepet svarte 68 prosent at USAs nære bånd til Israel og Israels politikk overfor de palestinske araberne var en viktig årsak til angrepet den 11. september.[54]

Dette er selvfølgelig meget alvorlige anklager, men spørsmålet er om det finnes noen form for sannhet i disse anklagene eller om det bare er rent oppspinn. Det ville i så fall ikke ha vært første gang i historien som jødene ble anklaget for å ha stått bak ulykker og problemer som de ikke hadde noen som helst slags kontroll over.

For å finne svarene på disse spørsmålene, må vi gå tilbake til november 1948, da den egyptiske araberen Sayyid Qutb[55] var passasjer på et skip på vei over Atlanterhavet for å studere i Amerikas forente stater. Det var her som det ideologiske

54 «Americans Split on Changing Mideast Policy – Poll», Reuters, 6. oktober 2001.
55 Det meste av den biografiske informasjonen om Sayyid Qutb i dette kapitlet kommer fra Lawrence Wright, *The Looming Tower: Al-Qaeda's Road to 9/11*, London: Penguin Books, 2006, kapittel 1.

grunnlaget for de grusomme terrorangrepene den 11. september ble lagt.

Den 42 år gamle ungkaren Qutb var allerede blitt en av de mest populære forfatterne i hjemlandet sitt, men den egyptiske kongen var ikke like begeistret som folket var for bøkene hans. Kong Farouk hadde isteden utstedt en arrestordre på Qutb, men de mektige vennene hans hadde hjulpet ham med å flykte fra den moderne faraoens vrede.

Nå som han var på vei over dammen i en moderne havsgående farkost, var han langtfra sikker på hva han egentlig ville gjøre med livet sitt. På den ene siden visste han at USA var det moderne «lovede landet» der så godt som alle tjente penger som gress i etterkrigstidens kapitalistiske kappløp. På den andre siden hadde han en religiøs arv i bagasjen som han ikke var villig til å gi slipp på.

Funderingene hans ble plutselig avbrutt av en hånd som banket på lugardøren. Da han åpnet døren, ble han forundret over å se en høy og slank ung jente som, sammenlignet med de kvinnene han var vant til å se på Kairos gater, var halvnaken.

«Kan jeg være gjesten din i natt?» spurte den unge jenta på engelsk, men Qutb svarte at det kun var en seng i lugaren. «Men det er plass til to mennesker på en enkeltseng,» svarte jenta, hvorpå den forbausede mannen i enkeltlugaren stengte døren rett i ansiktet på jenta, som falt på tregulvet i korridoren med et brak. «Umiddelbart takket jeg Allah for at han hadde beseiret min fristelse og latt meg holde meg til min moral,» fortalte Qutb senere.

Møtet med den halvnakne jenta på båten var første trinn i Qutbs vei tilbake til en strikt tolkning av forfedrenes religion. Men da han ankom den største metropolen på østkysten av USA, ville han bli sjokkert over hvor langt det kristne USA hadde falt.

Qutb ankom New York rett etter at Alfred Kinsey hadde sluppet sin første rapport om seksualitet, som ble kalt for «Sexual Behavior in the Human Male», der han hevdet at 37 prosent av alle amerikanske menn hadde fått orgasme via homoseksuelle aktiviteter, at omtrent 50 prosent av alle gifte menn hadde hatt sex utenfor ekteskapet, og at 69 prosent hadde betalt for sex med prostituerte.

Den egyptiske forfatteren kjente til Kinsey-rapporten, og det han ble vitne til i New York, var en bekreftelse på at muslimene i Egypt hadde langt høyere moral enn en gjennomsnittlig amerikansk kristen[56] kapitalist. Da han sjekket inn på et hotell i storbyen, ble han sjokkert da heisføreren spurte om han skulle hjelpe dem med å finne forskjellige typer «underholdning», som viste seg å være ubeskrivelige perversjoner for mannen fra Kairo.

Qutb brukte senere Kinsey-rapporten som en illustrasjon på hvordan amerikanere ikke var særlig forskjellige fra dyr. Amerikanerne var «en

56 Det er viktig å merke seg at for muslimer er skillet mellom stat og religion et kunstig skille. Mange muslimer betrakter USA som en kristen nasjon og den amerikanske befolkningen som kristne, selv om mange av innbyggerne i landet er ateister eller agnostikere. Det samme gjelder de fleste europeiske land.

skjødesløs, grunnlurt skare som bare kjenner lyst og penger», hevdet han.

På sin reise tvers over det amerikanske kontinentet kom Qutb senere til den lille jordbrukslandsbyen Greeley i Colorado, der livet var veldig forskjellig fra det han hadde vært vitne til i New York. Men til og med her ble Qutb sjokkert da han bevitnet rekken av salooner og spritbutikker som lå et par kilometer sør for colleget der han studerte. Når det var tid for fest, dro studentene på handletur til spritbutikkene der de gjorde alle innkjøp de trengte for å feire. Qutb ble overbevist om at det kun var islam som kunne tørrlegge et samfunn.

Qutb ble også vitne til hvordan barbererne i Greeley nektet å klippe håret på de få svarte studentene som studerte på colleget hans, og han skrev senere at «rasisme har brakt Amerika ned fra toppen til fjellets fot og tatt resten av menneskeheten med seg».

På søndagene pleide Qutb og mange av de andre internasjonale studentene å besøke en av de 50 kirkene i byen, og etter kveldsmøtet spiste man middag sammen, og noen ganger spilte de opp til en dans. Qutb fortalte senere at danselokalet i kirken var dekortert med gule, røde og blå lys, og en grammofonspiller pøste ut feberaktig musikk. «Dansende, nakne bein fylte salen, armer var slynget rundt midjene, bryst møtte bryst, lepper møtte lepper og atmosfæren var full av kjærlighet,» skrev Qutb. Pastoren skrudde av noen av lysene for å bevare den romantiske stemningen, og deretter satte han på en romantisk ballade ved navn «Baby, It's Cold Outside». «Pastoren stoppet opp og kikket på de unge pleiebarna sine, som svaiet til rytmene av denne forførende sangen, og så forlot han dem slik at de kunne nyte denne behagelige, uskyldige kvelden,» avsluttet Qutb sarkastisk.

Selv om Amerika var fylt til randen av kirker, religiøse bøker og religiøse høytider, og selv om så godt som alle amerikanere bekjente at de trodde på Gud, mente den egyptiske mannen at materialismen var amerikanernes sanne gud.

Da Qutb vendte nesa hjem etter to år i USA, tilbrakte han en tid i Europa før han fikk se hjemlandet igjen, og det han bevitnet i Europa var bare en bekreftelse på det han hadde forstått under oppholdet i Statene. «Den hvite mann i Europa eller Amerika er vår fiende nummer en,» erklærte han da han kom hjem til Egypt. «Den hvite mann knuser oss under sin fot mens vi underviser våre barn om hans sivilisasjon, hans universale prinsipper og edle mål ... La oss isteden plante hatets, foraktens og hevnens såkorn i disse barnas sjeler. La oss lære disse barna fra tidspunktet da neglene deres er myke at den hvite mann er menneskehetens fiende og at de burde tilintetgjøre ham ved første anledning.»[57]

For Qutb spilte det egentlig ingen rolle om den hvite mann var kapitalist eller marxist, kristen eller jøde, fascist eller demokrat; han hatet alle hvite menn like mye. Den viktige forskjellen for Qutb var kampen mellom det islamske Østen på den ene

---

57 David Meir-Levi, *History Upside Down*, New York: Encounter Books, 2007, side 14.

siden og det «kristne» Vesten på den andre siden. Om alle i vest virkelig var kristne, kommunister eller fascister spilte mindre rolle.

Qutbs voldsomme reaksjon var ikke bare på grunn av det han bevitnet i Amerika og Europa, men også fordi mange av disse verdiene var på vei inn i den muslimske verden, og mange muslimer var allerede blitt besudlet av disse vestlige tankene. De såkalte «moderne» vestlige verdier, som sekularisme, rasjonalisme, demokrati, subjektivitet, individualisme, en sammenblanding av kjønnene, toleranse og materialisme, hadde også infisert araberlandene. For Qutb og andre likesinnede radikale muslimer var det en styggedom at muslimske ungdommer kunne gå på kino for å se umoralske filmer fra Hollywood istedenfor å gå til moskeen for å be til Allah.

Det var mens Qutb var i Washington som han bestemte seg for å slutte seg til Det muslimske brorskapet. En kveld ble han invitert hjem til James Heyworth-Dunne, en brite som hadde konvertert til islam, som forklarte for Qutb at Det muslimske brorskapet var en fare siden de forhindret den muslimske verden fra å bli med i moderniseringen. Heyworth-Dunne tilbød Qutb å oversette den nyeste boka hans til engelsk, og han tilbød forfatteren 10 000 dollar for boka, men Qutb takket nei og funderte i det stille på om Heyworth-Dunne kanskje forsøkte å rekruttere ham til å bli en CIA-agent. Men før han forlot engelskmannens hjem, bestemte han seg for å gå med i Det muslimske brorskapet.

Det muslimske brorskapet var på denne tiden den største organisasjonen som jobbet for å starte en islamistisk «vekkelse», og organisasjonen hadde følgende trosbekjennelse: «Allah er vårt mål. Koranen er vår grunnlov. Profeten er vår leder. Jihad er vår vei. Og døden for Allahs skyld er vår høyeste ambisjon.»

Da han vendte tilbake til Egypt igjen i 1950, fikk han en sentral rolle i Det muslimske brorskapet, og etter at Nasser tok over makten i landet i et militærkupp to år senere, ble han utnevnt til medlem av revolusjonens redaksjonelle styre, men det skulle snart vise seg at Qutb og Nasser ikke hadde noe særlig til felles bortsett fra at de hatet demokratiet.

I 1954 ble Qutb derfor kastet i fengsel igjen, men tre måneder senere ble han sluppet løs og ble redaktør for Det muslimske brorskapets tidsskrift, *Al-Ikhwan al-Muslimin*.

I løpet av de neste 12 årene, inntil han ble henrettet av den egyptiske regjeringen i 1966, ble Qutb den som la det intellektuelle og ideologiske grunnlaget for Det muslimske brorskapet og andre fundamentalistiske islamske bevegelser som har oppstått de siste tiårene. Qutb ble en talsmann for *jihad,* eller «hellig krig» mot USA og Vesten, men også mot alle falske former for islam. Og den ideologien som Sayyid Qutb ble en talsmann for, er senere blitt kalt for qutbismen.

Da Qutb ble hengt, tok den 15 år gamle Ayman al-Zawahiri over stafettpinnen. Zawahiri hadde studert under Qutbs bror, Mohammad Qutb. I 1966 grunnla Zawahiri en terroristcelle som skulle styrte den egyptiske sekulære regjeringen og grunnlegge en islamistisk stat, og da denne cellen senere sluttet seg til andre lignende celler, ble Egyptisk islamsk jihad grunnlagt. Tjue år senere ville den egyptiske jihadisten få en sentral rolle som ideologisk «far» for en annen terrororganisasjon i Afghanistan, som vi skal komme tilbake til senere.

Trettien år etter Qutbs reise til USA ble de første bitene i det strategiske puslespillet for 11. september lagt. Det var den amerikanske presidenten Jimmy Carter som tok disse første skjebnesvangte beslutningene.

I 1979 gikk de sovjetiske styrkene til militært angrep på det muslimske landet Afghanistan, og kort tid etter tok Carter en beslutning om å samarbeide med muslimske «geriljastyrker»[58] for å gjøre livet uutholdelig for Den røde arme. Carter ga CIA og det amerikanske militæret i oppdrag å rekruttere, organisere og bringe forsyninger til geriljastyrkene i fjellene i Afghanistan.

Senere ble det skapt en trippelallianse mellom USA, Saudi-Arabia og Pakistan. USA skulle trene, koordinere og utruste *mujahedin* med strategisk etterretning. Pakistan skulle stille sitt territorium til rådighet og hjelpe til med etterretningen. Saudi-Arabia skulle rekruttere *mujahedin* og finansiere operasjonen.

---

58 Det er interessant å merke seg at så lenge disse soldatene kjempet mot Sovjetunionen, ble de kalt for geriljastyrker. Men da de tok opp kampen mot USA, ble de kalt for terrorister.

Dette betydde blant annet at USA lærte *mujahedin* hvilke metoder amerikanerne benyttet seg av i en geriljakrig. De unge muslimske rekruttene lærte seg hvordan USA utførte hemmelige operasjoner og hvordan den amerikanske etterretningen fungerte. Dette var informasjon og utdannelse som ville komme godt med når de senere vendte våpnene mot USAs bredder.

Siden regjeringen i Riyadh ikke ville ta pengene fra egen lomme, bestemte de seg for å ta opp en kollekt blant private innbyggere i landet. Rike familier slik som Osama bin Ladens familie donerte enorme pengesummer til *mujahedins* krig mot Sovjetunionen, og han oppmuntret tusenvis av arabere til å melde seg frivillig til kampene.

Men bin Laden var ikke fornøyd med å bare gi pengesummer til den «hellige krigen». I 1984 reiste han selv til Peshawar i Pakistan der han grunnla en base for *mujahedin*.

Det var omtrent på denne tiden som Ayman al-Zawahiri kom til Pakistan, der han som lege behandlet sårede flyktninger. Senere kom han i kontakt med Osama bin Laden, og i løpet av de kommende årene fikk Zawahiri rollen som den skjeggete krigerens mentor, som snart ble konvertert til den qutbismen som Zawahiri forkynte.

To år senere opprettet bin-Laden sine egne treningsleire i forskjellige deler av Afghanistan, og i 1988 grunnla han et kontor som skulle dokumentere navnene til alle dem som var blitt drept i den «hellige krigen». Kontoret fikk navnet Al Qaeda.

Men da krigen i landet var over, og sovjeterne var blitt kastet ut, ble bin Laden skuffet over hvordan Amerika behandlet de allierte. Under krigen hadde USA brukt *mujahedin* for å oppnå amerikanske mål, og de benyttet seg av krigernes glød for Allah for å utrydde de sovjetiske hedningene fra det muslimske landet. Men da sovjeterne var blitt beseiret, brydde ikke amerikanerne seg om *mujahedin* lenger. Det var omtrent på denne tiden som bin Laden begynte å betrakte USA som roten til alt ondt. Fra da av ville alt gå nedoverbakke i saudiaraberens forhold til Amerika.

I midten av 1990 forsto bin Laden at den irakiske diktatoren Saddam Hussein hadde planer på å erobre alle gulfstatene, inkludert Saudi-Arabia, og han spådde at det ikke ville vare lenge før Saddam ville legge Kuwait under seg. Saddam var en sekulær muslim som styrte Irak etter sosialistiske prinsipper, og bin Laden ville ikke at denne sosialistiske, sekulære diktatoren skulle få kontrollen over islams hjemland, der både Mekka og Medina lå.

Da invasjonen av Kuwait faktisk fant sted noen uker senere, skrev bin Laden et brev til den saudiarabiske innenriksministeren, prins Nawwaf bin Abdul Aziz, der han foreslo at han skulle gå i bresjen for en innsats for å samle muslimske veteraner fra krigen i Afghanistan og andre muslimer som var villige til å stille opp for å stanse Saddam Husseins frammarsj. Bin Laden hevdet sågar at han ville klare å samle 100 000 mann til denne «hellige krigen».

Men i Riyadh, der regjeringen i lang tid hadde hatt nære forbindelser til amerikanske oljemagnater, foretrakk man isteden å vende seg til en av disse, nemlig texaneren George H.W. Bush, som på denne tiden var sjefen i Det hvite hus i Washington.

Den saudiske regjeringen inviterte Bush til å sende amerikanske tropper for å forsvare Saudi Arabia og frigjøre Kuwait, og det varte ikke lenge før amerikanske soldater dukket opp på sanddynene i den arabiske ørken sammen med sine allierte, inkludert norske soldater. På det meste hadde de allierte over en halv million soldater utplassert i den arabiske ørkenen.

Bin Laden forklarte senere at den saudiske regjeringens beslutning var det største sjokket han hadde fått i hele sitt liv. Arabia var tross alt landet der de to hellige byene Mekka og Medina lå. Byen Mekka er omtrent like viktig for en muslim som Jerusalem er for en jøde, og Arabia er like hellig i islam som landet Israel er i jødedommen. Og bin Laden kunne ikke forstå hvordan Al Sauds hus kunne invitere hedningene fra det dekadente og syndige USA til å utplassere soldatene sine i nærheten av disse hellige byene, for første gang siden islam ble grunnlagt.[59] Muslimene hadde ofte vært i konflikt med kristne hærer opp gjennom historien, men ingen kristne herskere hadde noensinne sendt soldatene sine for å «okkupere»

59 Abdel Bari Atwan, *The Secret History of Al-Qa'ida*, London: Abacus, 2007, side 38.

Arabia, slik som den amerikanske presidenten[60] nå gjorde.

Bin Laden var av den oppfatning at «invasjonen» av amerikanske soldater i Saudi Arabia i bunn og grunn var det samme som den sovjetiske invasjonen av Afghanistan i 1979, og at enhver muslim hadde plikt til å bekjempe denne invasjonen i en hellig krig.[61]

I 1992 utførte Al Qaeda sitt første angrep mot et amerikansk mål. Nå var demokraten Bill Clinton blitt sjef i Det hvite hus, og Clinton videreførte Bush sr. sin politikk i Saudi Arabia, som i bin Ladens øyne var en «okkupasjon». Tre personer ble drept og fem såret da en bombe eksploderte på Gold Mohur Hotel i Aden, Yemen, der det bodde en

---

60 Andre «kristne» herskere som også sendte soldatene sine til Arabia, var blant annet Gro Harlem Brundtland, John Major og François Mitterand. Det er interessant å merke seg at fra et qutbistisk synspunkt, var disse statsledernes beslutning om å sende soldater til Saudi Arabia kanskje den verste «forbrytelsen» som kristne noensinne hadde begått mot muslimer. Jødenes «okkupasjon» av «Palestina» er bare smårusk sammenlignet med Norges deltagelse i «okkupasjonen» av Arabia under Brundtlands Ap-regjering.

61 Det er verdt å merke seg at Saudi Arabia ikke er den eneste suverene staten på Den arabiske halvøy der USA har utplassert amerikanske soldater. Man kan også finne amerikanske soldater i land som Yemen, Oman, Qatar, Bahrain og Kuwait. Både demokratiske og republikanske presidenter har fulgt denne «okkupasjonspolitikken» i Arabia. For radikale muslimer som bin Laden, spiller det dermed ingen reell rolle om presidenten heter Bush eller Obama. Begge to har «okkupert» Arabia med amerikanske soldater.

gruppe amerikanske soldater. Året etterpå skjøt Al Qaeda ned to amerikanske helikoptre av typen Black Hawk i Mogadishu i Somalia.[62] To år senere angrep organisasjonen en amerikansk militærbase i Khobar-tårnene i Dharan i Saudi-Arabia, der 19 amerikanske soldater ble drept.

Kort tid deretter erklærte bin Laden formelt krig mot USA. Den tolv sider lange krigserklæringen, som ble sendt på fax til en avis i London ved navn *al-Quds al-Arabi,* var sannsynligvis skrevet av Zawahiri, og overskriften var: «Deklarasjon om *jihad* mot amerikanerne som okkuperer landet med de to hellige plassene.»

En britisk journalist som fikk lov til å besøke Bin-Ladens leir i Tora Bora i Afghanistan det samme året, fortalte at de krigerne som bodde i leiren, alle hadde en urokkelig tro på Allah og religionen sin. «De hadde vendt ryggen til livet for lenge siden og hadde hastverk med å komme til det evige livet i livet etter dette. Alle talte lengselsfullt etter den martyrdøden de håpet på å oppnå,»[63] skrev han senere.

I løpet av de kommende årene skulle det vise seg at bin Laden og Al Qaeda var blitt et mareritt for USA. Rundt 300 mennesker ble drept da organisasjonens terrorister sprengte bomber utenfor de amerikanske ambassadene i Dar es Salaam, Tanzania og Nairobi, Kenya. Allikevel var dette bare en liten forsmak på det som snart ville komme.

62 Filmen «Black Hawk Down» er basert på dette angrepet.
63 Abdel Bari Atwan, *The Secret History of Al-Qa'ida,* London: Abacus, 2007, side 27.

Den 21. august 1998 fikk journalisten Abdel Bari Atwan en telefon fra Muhammed Atef, som på den tiden var Al Qaedas militære sjef, som fortalte ham at bin Laden hadde en beskjed han ville overbringe til USAs president Bill Clinton. Beskjeden var at bin Laden snart ville påføre Amerika et slag som ville føre til at nasjonen ble rystet i sine grunnvoller, et støt ulikt alt det andre som Amerika så langt hadde vært med om.[64] Den 11.september 2001 forsto Atwan hva Atef hadde siktet til. Det våpenet som den amerikanske presidenten Jimmy Carter hadde skapt for å kjempe mot kommunistene på 1970-tallet, var nå vendt mot New York og Washington.

Når vi altså går tilbake og ser på Al Qaedas og qutbismens historie, finner vi at det først og fremst er to grunner til at organisasjonen har valgt seg ut sivile amerikanere som mål.

Den første årsaken er på grunn av Amerikas mangel på moral. «Amerika blir betraktet som svikefulle og hyklerske. En muslimsk geistlig uttalte at på den ene siden bærer amerikanerne evangeliet om kjærlighet og sannhet, og forkynner evig liv, men veldig ofte fører de på den andre siden med seg umoral, korrupsjon og synd,» skrev den amerikanske predikanten Lester Sumrall da han skulle forsøke å forklare hvorfor mange muslimer betrakter USA som «den store satan». «De betrakter Amerika som den fremste stimulanten til umoral og perversjon rundt i verden.» Sumrall forklarte videre at mange muslimer føler at det er USA sin skyld at

64 Ibid, side 48.

de muslimske nasjonene er blitt invadert av pornografiske blader, umoralske filmer og satanisk rockemusikk. Og siden Amerika er et hyklersk land som ikke kan kontrollere sine lyster, grådighet og ondskap, mener man at de fortjener å bli ødelagt.[65]

Den andre direkte årsaken til hvorfor bin Laden erklærte krig mot USA, var den amerikanske militære «okkupasjonen» av «landet med de to hellige plassene», det vil si Arabia, før, under og etter Gulfkrigen i 1991.

Under denne konflikten gikk Saddam Hussein til angrep på både Kuwait, Saudi Arabia og Israel. Hele 39 irakiske Scud-raketter regnet ned over sivilbefolkningen i Israel under denne krigen. Men da Israel ville benytte sin rett til å forsvare seg selv og sende flyene sine for å bombe de irakiske rakettbasene, satte president Bush foten ned. Bush var redd for at han ville miste saudiarabernes favør, at de amerikanske styrkene ville bli kastet ut fra Saudi Arabia,[66] og at USA i framtiden ville miste kontrollen over den arabiske oljen hvis han lot Israel delta i angrepet på de irakiske styrkene.

---

65 Lester Sumrall, *Time Bomb in the Middle East: Countdown to Armageddon*, Tulsa, OK: Harrison House, 1991, side 13-14.

66 President Bill Clinton videreførte Bush sr. sin politikk og beholdt mange tusen amerikanske soldater i Saudi Arabia. President George Bush jr. trakk de fleste amerikanske soldatene ut av landet, men noen få ble værende for å trene de saudiarabiske troppene. Under president Barack Obama har derimot det amerikanske militæret fått klarsignal til å øke antallet hemmelige operasjoner i Saudi Arabia og andre araberstater.

Dermed nektet han Israel å ta del av de kodene som kan identifisere vennligsinnede fly under krigen, og Israel ble i praksis tvunget til å sitte med hendene i fanget mens Scud-rakettene regnet ned over landet. Bush valgte vennskapet med kongefamilien i Saudi Arabia framfor Israels rett til selvforsvar.[67]

De to fremste årsakene til hvorfor bin Laden og hans kohorter har gått til angrep på Amerika, er altså Amerikas egen moral, samt det faktum at USA forkastet Israels rett til selvforsvar til fordel for vennskapet med den oljerike kongefamilien i Saudi Arabia.

67 Det er verdt å merke seg at inntil 89 prosent av amerikanerne svarte at de ga sin bifallelse til president Bush sin politikk under Gulfkrigen. Den eneste amerikanske presidenten som har vært mer populær, var George Bush jr., som rett etter angrepet den 11. september 2001 fikk støtte av 90 prosent.

Kapittel 6
Jødene betaler prisen

«Vi vil sulte ut terroristene for finansiering, vende dem mot hverandre, drive dem fra plass til plass, inntil det ikke finnes noe tilfluktssted eller noen hvile,» erklærte USAs president George Bush i en TV-sendt tale til begge kammer i den føderale Kongressen ni dager etter terrorangrepet på World Trade Center og Pentagon.

Bush fortsatte med en sterk advarsel til statsoverhoder verden over: «Og vi vil forfølge nasjoner som gir hjelp eller en trygg havn for terrorisme. Enhver nasjon, i enhver region, har nå en beslutning de må ta. Enten er dere med oss, eller så er dere med terroristene. Enhver nasjon som fortsatt huser eller støtter terrorismen, vil fra denne dagen bli betraktet av USA som et fiendtlig regime.»

Det var umulig å ta feil av hva budskapet fra USAs øverstkommanderende betydde. Dersom en stat ikke ville hjelpe USA med å finne og straffe de terroristene som hadde ansvaret for 11. september, ville Det hvite hus betrakte den som en fiendtlig stat. Problemet var bare det at det landet som i praksis hadde vært USAs nærmeste allierte i

91

Midtøsten siden 1930-tallet, nemlig Saudi Arabia, også var Al Qaedas hjemland, og mange mektige personer i det saudiske riket sympatiserte med bin Laden i kampen mot «den store Satan», som enkelte fundamentalistiske muslimer kaller USA.

I løpet av noen få måneder etter 11. september fant den amerikanske etterretningen mange beviser på at saudiske statsborgere og viktige personer i høye stillinger i Saudi Arabia hadde støttet Al Qaeda og andre lignende grupper både med økonomiske midler og på andre måter. USAs regjering var, naturlig nok, forferdet over at den saudiske etterretningen hele tiden hadde kunnskap om hva som hadde foregått, men de hadde aldri gjort noe konkret for å sette en stopper for pengeflommen til Al Qaeda.

Etter den 11. september, da hele den islamske verden fikk se hvordan Al Qaeda hadde påført USA et sviende nederlag på hjemmebane, hadde terrororganisasjonen faktisk fått oppleve hvordan mange nye rekrutter og nye givere strømmet til for å gi sine kropper eller økonomiske midler til kampen mot USA. Og mesteparten av disse pengene kom fra Saudi Arabia.[68]

Med disse bevisene i bagasjen, begynte USA å legge press på den saudiske regjeringen for at de skulle slå ned på pengeinnsamling i riket, og at de skulle hjelpe USA med etterretning og informasjon

---

68 Og siden Saudi Arabias viktigste eksportartikkel er olje, betyr det at disse pengene opprinnelig var kommet fra de som kjøpte den saudiske olja i blant annet USA og Vest-Europa.

om hvordan USA kunne beseire bin Ladens terrornettverk. Samtidig var den saudiske kongen under press fra konservative saudiske statsborgere som ikke ville at den arabiske regjeringen skulle servere bin Laden på et sølvfat til amerikanerne. Kong Fahd visste at disse konservative innbyggerne ville betrakte ham som en forræder mot islam dersom han ga USA det de ville ha.

Det var da som det saudiske kongehuset plutselig oppdaget at de kunne bruke jødene som et gissel og en løsning på det dilemmaet de var havnet i.

Saudi Arabia hadde egentlig aldri viet den arabisk-israelske konflikten særlig oppmerksomhet. Sionismen og Staten Israel hadde aldri vært en trussel mot kongefamilien i Riyadh. Det hadde derimot slike sosialistiske diktatorer som Gamal Abdel Nasser i Egypt og Saddam Hussein i Irak vært.

Den saudiske kongefamilien har heller aldri vært på talefot med sjiamuslimene, og de har hatt et spesielt anstrengt forhold til Iran. Den saudiske kongefamilien er, i likhet med 90 prosent av alle muslimer, sunnier. De tilhører dessuten en gren av islam som legger stor vekt på monoteismen og som mener at sjiaislam i bunn og grunn er en form for polyteisme. De sjiamuslimske innbyggerne i Saudi Arabia lider dermed under systematisk politisk, sosial, kulturell og religiøs diskriminering. Og den saudiske regjeringen vet at de sjiamuslimske styresmaktene i Iran er mer enn villige til å gripe inn militært for å endre på denne situasjonen.

I de foregående arabisk-israelske krigene hadde Saudi Arabia kun sendt symbolske styrker, og de hadde vært aktive motstandere av de radikale palestinerne som kontrollerte de palestinske terrororganisasjonene før Hamas kom. Den saudiske kongen hadde vært spesielt redd for PLO, som de betraktet som en gren av det sovjetiske KGB.

Al Qaeda hadde heller aldri viet særlig plass til Israel eller den israelsk-palestinske konflikten. Ifølge Al Qaedas ideologi hadde den islamistiske bevegelsen tre religiøse fiender: kristendommen, jødedommen og hinduismen. Konflikten mellom islamister og hinduer i Kashmir, som foregikk «et steinkast» fra bin Ladens baser i fjellene i Afghanistan, var egentlig mye mer sentral for Al Qaeda enn konflikten mellom jøder og palestinske arabere i Israel. Ifølge islamistene var de landområdene som India hadde «okkupert» i Kashmir, nesten like hellige som de landområdene som jødene hadde «okkupert» i Israel.

Men da USA begynte å legge press på Saudi Arabia for å sette en stopper for Al Qaedas økonomi, oppdaget den saudiske regjeringen at de kunne løse problemet ved å legge byrden over på jødene.

Hvis den saudiske regjeringen kunne få USA til å tvinge Israel til å gi etter for de palestinske terroristene som på denne tiden førte en meget blodig kamp mot den jødiske staten, kunne de argumentere overfor sin egen konservative befolkning at det kanskje var verdt å ofre Al Qaeda på alteret for å få has på Israel. Med andre ord skulle man tvinge jødene til å betale prisen for at Saudi Arabia skulle hjelpe USA. Derfor henvendte de seg til Washington og ba dem om umiddelbart å finne en løsning på den israelsk-palestinske konflikten.

Da Det hvite hus nølte med å gå til aksjon, begynte den saudiske kongefamilien å ta alle mulige «fredsinitiativ». Disse «fredsinitiativene» var så generelle og brede og så lite praktiske som det var mulig. Offentlig ble det sagt at den saudiske kongefamilien forsøkte å finne en løsning på den israelsk-palestinske konflikten, men sannheten var at de ville finne en unnskyldning til å ikke hjelpe USA i kampen mot Al Qaeda.

Den saudiske kongefamilien visste nemlig at slike fredsplaner som de foreslo, ikke hadde livets rett. De visste at Israel ikke på noen som helst måte kunne gå med på å skape en palestinsk terrorstat rett utenfor sin egen stuedør. Og siden de forsto hva Yasser Arafat og de andre palestinaarabiske lederne sa på arabisk, visste de også at PLO eller Hamas aldri ville undertegne en fredsavtale med Israel slik de foreslo. Et «fredsinitiativ» ville dermed være den perfekte unnskyldningen for inaktivitet i kampen mot Al Qaeda. USA og verden ellers ville forhåpentligvis glemme Al Qaeda og isteden rette oppmerksomheten mot den arabisk-israelske konflikten.[69]

---

69 Den arabisk-israelske konflikten ble ofte omtalt som «konflikten i Midtøsten» i vestlige massemedier. Når ordet «konflikten» på denne måten ble satt i bestemt form, ga det inntrykk av at Israel var det eneste «problemet» i hele

USAs regjering forsto hvilket spill den saudiske regjeringen holdt på med, og de nektet å gi etter for presset. Da vendte den saudiske kongefamilien seg til den amerikanske pressen. I en tale i februar 2002 sa kronprins Abdullah at Saudi Arabia ville være rede til å stifte fred med og normalisere forholdet til Israel dersom israelerne var rede til å trekke seg helt ut fra de «okkuperte» territoriene. Deretter inviterte han den berømte journalisten Tom Friedman fra New York Times ut på middag og fortalte ham om de saudiske «fredsinitiativene». Friedman og New York Times bet på og svelget både agnet og kroken.[70] Snart skrev både den anerkjente avisa fra Det store eplet og alle andre amerikanske medier om dette fantastiske saudiske «fredsinitiativet». Snart ble det allment akseptert i amerikanske medier at hvis man ville ha en løsning på problemet med Al Qaeda, eller Saddam Hussein for den sakens skyld, måtte USA også påtvinge israelerne en «løsning» på den konflikten de var i. Jødene skulle med andre ord betale prisen for USAs sikkerhet.

Fire måneder etter Friedmans middag med kronprins Abdullah, ga USAs president etter. I en berømt tale fra den 24. juni 2002 uttalte Bush at han nå ville jobbe for å få til en fredsavtale i den konflikten.

Midtøsten.
70 George Friedman, *America's Secret War: Inside the Worldwide Struggle Between the United States and Its Enemies*, London: Abacus, 2006, side 244.

«Min visjon er to stater, som lever side ved side i fred og sikkerhet. Det er umulig å oppnå den freden inntil alle parter kjemper mot terror,» uttalte presidenten. Hans tale ble startskuddet for det fredsinitiativet som fikk navnet «Veikartet til fred».

Første fase på dette veikartet handlet om at palestinerne skulle sette en stopper for vold mot jødene, samtidig som Israel skulle slutte å bygge boliger i de såkalte bosettingene i Judea, Samaria og på Gazastripen. Dette var en helt ny vri i fredsprosessen. Israel hadde allerede «betalt» for en slutt på palestinsk vold i en rekke avtaler og tilbaketrekninger i løpet av 1990-tallet, men nå skulle de altså atter en gang bli nødt til å «betale» for en slutt på terrorisme ved å slutte å bygge boliger for sine egne innbyggere.

I løpet av de kommende årene ble det mer og mer vanlig at jøder i Israel måtte betale prisen for at USA skulle «vinne poeng» i araberlandene.

Da president Bush presset den israelske regjeringen til å trekke seg ut fra de palestinske byene Kalkiliya og Tulkarem i april 2002, føyde statsminister Ariel Sharon seg på tross av at Israel visste at det fantes terrorister der.

Og da 12 israelere ble drept i fem terrorangrep i løpet av ei uke i mai 2003, kansellerte Israel planer på å slå til mot terrororganisasjonene siden de ikke ville torpedere Bush sitt forsøk på å fremme Veikartet til fred.

Som en del av arbeidet med Veikartet gikk Israel i juni 2003 med på å overholde en «hudna», som noen ganger er blitt oversatt med «våpenhvile», i tre

97

til seks uker. I løpet av denne «våpenhvilen» kunne terroristene rekruttere, trene, bevæpne og forberede seg på terrorangrep bare de ikke gjennomførte dem under selve våpenhvilen.

Israel på sin side forpliktet seg til ikke å motarbeide terrorister som fortsatt befant seg på palestinsk mark: Israel skulle isteden bare dele informasjonen om planlagte terrorangrep med de palestinske selvstyremyndighetene i håp om at de ville sette en stopper for angrepet, selv om dette betydde at det fantes en åpenbar risiko for at de palestinske myndighetene isteden ville advare terroristene om at Israel var dem på sporet, samtidig som de ville forsøke å likvidere de personene som hadde gitt Israel informasjon om det planlagte angrepet. Alt dette var en sjanse som Israel var nødt til å ta for at Saudi-Arabia skulle samarbeide med USA i kampen mot Al Qaeda.

Det israelske nyhetsbyrået IMRA har satt fingeren på flere episoder der den israelske regjeringen har vært forpliktet til å hjelpe palestinske terrororganisasjoner på forskjellige måter fordi den hjelpen angivelig ville gi Amerika favør i araberlandene. Overskriften til noen av disse artiklene var at jøder «dør for å behage Bush». Denne overskriften betydde åpenbart at den israelske regjeringen satte jødiske liv i fare fordi de ville behage den amerikanske presidenten.

En slik epsiode fant sted i august 2002, da Israel bestemte seg for å lette på restriksjoner for den palestinske befolkningen på tross av det faktum at en palestinsk terrorist nettopp hadde drept ni mennesker på en israelsk buss, og på tross av det faktum at 10 andre selvmordsangrep var blitt forhindret under den foregående uka.[71]

En annen lignende episode fant sted i april samme år da israelske styrker avbrøt jakten på terrorister i Kalkiliya og Tulkarem og trakk seg tilbake fra disse byene fordi de var blitt «tvunget ... av Bush-regjeringen». Nyhetsbyrået bemerket at denne typen tilbaketrekninger flere ganger tidligere hadde gitt rom for «terror-sumper» der terrorister kunne forberede seg på å drepe sivile israelere.[72]

Og i mai det følgende året, ble det israelske forsvaret tvunget til å kansellere en viktig militæroperasjon mot palestinske terrorister for ikke å ødelegge amerikanernes innsats for å få fart på arbeidet med Veikartet til fred.[73]

Da Israel i april 2003 presenterte planer for hvordan de kunne styrke Mahmoud Abbas sin stilling som statsminister for palestinerne, kommenterte IMRA: «Det virker som om palestinerne og israelerne er den eneste situasjonen der Amerika belønner de som støttet Irak og straffer de som støttet USA.»

---

71 IMRA, "[Dying to please Bush?] Israel to continue easing Palestinian restrictions despite bomb," 4. august 2002, http://imra.org.il/story.php3?id=13037.

72 IMRA, "Israel pulling out of Kalkiliya and Tulkarem Tonight - Israel dying to please Bush," 8. april 2002, http://imra.org.il/story.php3?id=11208.

73 IMRA, "[Dying to please Bush] Road map decision halted big IDF raid," 28. mai 2003, http://imra.org.il/story.php3?id=17004.

IMRA siterte en artikkel fra den israelske dagsavisen HaAretz, der den israelske regjeringen ga USA ei liste over hva de ville gjøre for å styrke Abbas. De skulle blant annet trekke israelske styrker tilbake fra de områdene som var kontrollert av de palestinske selvstyremyndighetene og løslate palestinske fanger. Angående tilbaketrekningen av israelske styrker, skrev HaAretz: «Hvis palestinerne lykkes, vil Israel gå med på flere gradvise tilbaketrekninger. Hvis de mislykkes, vil IDF okkupere territoriene igjen.»

IMRA kommenterte at dette faktisk betyr at «Israel har planer på å gi palestinerne en sjanse til å slakte israelere fra et område som er blitt evakuert.»[74]

Alt dette gjør at vi må stille oss noen viktige spørsmål: Er amerikanere tryggere i dag fordi den israelske regjeringen har risikert jødiske liv for å styrke amerikansk utenrikspolitikk i Midtøsten? Er Amerika tjent ved at deres eneste demokratiske venn i Midtøsten styrkes eller svekkes? Hvorfor er Amerika tjent med å styrke palestinske terrororganisasjoner?

Jeg vil la deg som leser denne boka, gi dine egne svar på disse spørsmålene.

---

74 IMRA, "[Dying to please Bush?] Israel outlines steps to boost Abu Mazen," 18. april 2003, http://imra.org.il/story.php3?id=16583.

Kapittel 7
Bisarr politikk

A lle var sjokkert da de hørte hva den israelske statsministeren hadde å si. Samtidig som han insisterte på at han virkelig satses på å nå en fredsavtale med palestinerne via Veikartet til fred, sa Ariel Sharon dessuten: «Men hvis palestinerne om noen få måneder fortsatt ignorerer sin del i å implementere Veikartet, da vil Israel innlede et unilateralt skritt for sin egen sikkerhet og frikoble oss fra palestinerne.»[75]

Nesten ett år i forveien hadde Sharons parti, Likud, vunnet valget til den israelske nasjonalforsamlingen. De hadde vunnet en klar seier over Arbeiderpartiet og deres leder, Amram Mitzna. Samme dag som Mitzna ble valgt til leder for Arbeiderpartiet, opplyste han om at han ønsket å trekke seg tilbake fra Gazastripen ved å trekke ut alle israelske soldater og kaste de jødiske innbyggerne ut av hjemmene sine. Ariel Sharon

75 Statsminister Ariel Sharons tale ved Fourth Herzliya Conference, 18. desember 2003, http://www.mfa.gov.il/ MFA/PressRoom/2003/Pages/Address%20by%20PM %20Ariel%20Sharon%20at%20the%20Fourth %20Herzliya.aspx.

forkastet kategorisk Mitznas planer og hevdet at «Netzarims[76] skjebne er Tel Avivs skjebne.»

Derfor var mange mennesker sjokkerte da Sharon selv ett år senere opplyste om at han selv hadde planer på å gjennomføre en lignende tilbaketrekning. Statsministeren ønsket å trekke tilbake alle israelske sikkerhetsstyrker og kaste ut alle jødiske innbyggere fra hele Gazastripen pluss fire israelske landsbyer i den nordlige delen av Samaria. Dette ville bety at Sharon ville slå følge med slike historiske figurer som den romerske guvernøren Gabinius, korsfarerne, osmanerne, Napoleon og britene, som alle hadde en ting felles: De hadde alle kastet jødene ut av Gaza en eller annen gang i historien.

Sharon hadde vært kjent som en av de største haukene i det israelske politiske landskapet, men denne gangen virket det som om Sharon ønsket å fremstå som en ekstrem due ved å flykte fra et av de største problemene som Israel sto ovenfor: problemet med militante islamister som sto bak terrorangrep på israelske soldater og sivile på Gazastripen.

Ariel Sharon og sønnene hans var på denne tiden mistenkt av det israelske politiet for å ha vært innblandet i en rekke forbrytelser. Noen av Sharons politiske motstandere hevdet at den såkalte «frikoblingsplanen» var en kynisk plan for å vende oppmerksomheten bort fra de kriminelle mistankene, slik at han kunne overleve politisk.

76 Netzarim var den mest isolerte israelske bosettingen på Gazastripen før 2005.

Uansett var det åpenbart at Sharon ville trenge den amerikanske regjeringens støtte hvis han skulle få den israelske regjeringens godkjenning til å utvise nesten 10 000 sivile israelere fra hjemmene sine.

Dermed sendte president Bush et brev til Sharon der han ga den israelske statsministeren sin fulle støtte til tilbaketrekningen som «et sant bidrag til freden». Bush forsto at dette var en risikabel plan for israelerne og forsikret dem om at USA ville støtte dem på flere viktige punkter. Blant annet fikk de en garanti om at «Israel vil beholde retten til å forsvare seg selv mot terrorisme»; «løsningen på det palestinske flyktningeproblemet ... må finnes ved opprettelsen av en palestinsk stat, og ved at palestinske flyktninger bosetter seg der»; og at grensene mellom Israel og den palestinske staten vil være basert på «den nye virkeligheten på bakken, inkludert viktige israelske befolkningssentra som allerede eksisterer».[77]

Det er viktig å merke seg at «frakoblingsplanen» antagelig aldri ville ha blitt en virkelighet hvis det ikke hadde vært for den amerikanske presidentens uttrykkelige støtte. De løftene som president Bush ga, var en viktig nøkkel for at den israelske regjeringen og Knesset skulle støtte planen.

Resultatet av dette israelsk-amerikanske samarbeidet med frakobling var en etnisk rensing av

---

77 Brev fra USAs president George W Bush til statsminister Ariel Sharon, 14. april 2004, http://www.mfa.gov.il/MFA/ ForeignPolicy/Peace/MFADocuments/Pages/Exchange %20of%20letters%20Sharon-Bush%2014-Apr-2004.aspx.

nesten 10 000 jøder fra hjemmene sine i august 2005, og mer enn 46 prosent av disse var barn. Flere tusen mennesker mistet levebrødet sitt, og flere firmaer gikk konkurs, blant dem det nest største gartneriet i hele Midtøsten.

Men senere har det vist seg at de amerikanske løftene som ble gitt for å legge til rette for tilbaketrekningen fra Gazastripen, ikke var til å stole på. I januar 2008 bekreftet en amerikansk diplomat at Bush sine løfter ikke gjaldt lenger ved å bekrefte at Bush er en sterk motstander av å bygge jødiske hjem på vestbredden og i Øst-Jerusalem.

Tilbaketrekningen fra Gaza var bare ett eksempel på bisarr amerikansk politikk det siste tiåret. Det finnes to viktige grupper som slåss om kontrollen over de palestinske araberne – Fatah og Hamas – og Det hvite hus innså for lenge siden at Hamas aldri vil samarbeide med det «dekadente» vesten. Dette betyr at siden 1993, har den amerikanske regjeringen valgt å legge alle eggene i Fatahs kurv. De kaller dem for «moderate» som er villige til å stifte fred, på tross av det faktum at Fatah kontrollerer Al Aqsa Martyrs Brigades – som står på det amerikanske utenriksdepartementets liste over terrororganisasjoner. De to største palestinske terrororganisasjoner som forsøker å drepe jøder, er således blitt indelt i «ekstremister» og «moderate».

Beslutningen om å behandle Fatah som «moderate», har ført til en lang rekke bisarre amerikanske politiske beslutninger i den arabisk-israelske konflikten. Her kan du lese noen eksempler på dette:

Da president Bush besøkte Israel i januar 2008, fikk medlemmer av den største terrororganisasjonen på vestbredden i oppgave å beskytte Bush. To medlemmer av Al Aqsa Martyrs Brigades fortalte en journalist at de var blitt bedt om å sikre områdene under et møte mellom Bush og Abbas i Ramallah. De bekreftet også at flere hundre medlemmer av terrororganisasjonen ville hjelpe til med å beskytte Bush.

Generalløytnant Keith Dayton har lært opp sju bataljoner palestinske soldater til å bekjempe terror i de områdene som er kontrollert av Fatah og de palestinske selvstyremyndighetene.[78] Han gjorde dette på tross av at den hæren han trente opp, kunne vende våpnene sine mot jødene.

Dr. Aaron Lerner fra IMRA kommenterte Daytons bataljoner på følgende måte: «General Keith Dayton fortalte mer eller mindre Haaretz' korrespondent Aluf Benn at den palestinske hæren han bygger på vestbredden, ikke vil være en trussel mot den jødiske staten så lenge palestinerne får det de vil ha ... det han egentlig sier, er at han er opptatt med en øvelse som kan øke den prisen som Israel vil bli nødt til å betale når det viser seg – noe som må skje – at palestinerne vil oppdage at deres maksimale krav ikke vil bli møtt.»"[79]

---

78 Yaakov Katz, "Netanyahu's demilitarized state," The Jerusalem Post, 17. juni 2009, http://www.jpost.com/servlet/Satellite?cid=1245184848455&pagename=JPArticle%2FShowFull

79 IMRA, "Haaretz interview: Gen. Dayton explains PA army he building not threat if Palestinians get what they want," 8. august 2008, http://www.imra.org.il/story.php3?

Og i januar 2008 risikerte israelske soldater livene sine for å myke opp Hamas på Gazastripen, for at man skulle kunne overlevere området til Fatah på et sølvfat.[80]

En virkelig absurd episode fant sted i februar 2007, da den amerikanske regjeringen overførte våpen til en verdi av flere hundre millioner dollar til Fatah på Gazastripen for at Fatah skulle kunne bruke disse våpnene til å beseire Hamas i borgerkrigen. Men fordi Fatah var infiltrert av folk fra Hamas, kunne Hamas bruke det de fikk vite om våpnene, til å planlegge og gjennomføre et bakholdsangrep mot konvoien. De våpnene som skulle sendes til den såkalte «moderate» og USA-vennlige terrororganisasjonen, endte isteden opp i arsenalet til de «ekstremistiske» og USA-fiendtlige terroristene.[81]

Og dette var slett ikke det eneste tilfellet der amerikanske våpen havnet i hendene på de «ekstremistiske» terroristene. I juni samme år satte Hamas opp ei liste over amerikanske våpen som de hadde beslaglagt fra Fatah i løpet av de foregående månedene. Det var blant annet 7400 geværer, 800 000 patroner, 18 pansrede personellkjøretøy og 14 bulldosere.[82]

id=40251.

80 IsraelInsider, "Report: Bush ordered IDF to be used to soften Hamas in Gaza for Abbas," 12. januar 2008.

81 Aaron Klein, "Hamas: We Seized American Weapons," 1. februar 2007, http://www.wnd.com/2007/02/39972/.

82 Aaron Klein, "Hamas Lists Seized U.S. Weapons," 20. juni 2007, http://www.wnd.com/2007/06/42163/.

Det virker nesten som om Amerikas reaksjon på terrorisme er avhengig av et viktig spørsmål: Er det jøder som er terroristenes primære mål? Kan det være slik at terrorister som retter seg mot jøder blir behandlet annerledes enn andre terrorister?

Kapittel 8
En advarsel

Bibelen inneholder mange oppmuntringer til å velsigne jødene og advarsler om hva som kan skje dersom man ikke velsigner det jødiske folket. Det mest kjente verset står kanskje i Første Mosebok 12,3, der Gud lover Abraham at han skal velsigne alle dem som velsigner Abrahams etterkommere, og forbanne den som forbanner det jødiske folket.

Men det finnes mange andre advarsler om samme tema andre steder i Bibelen. Og selv om det jødiske folket vender seg mot Gud, advarer profetene mot å forsøke å tukle med dem, siden de allikevel er elsket av Gud.

Profeten Jeremia advarte det jødiske folket flere ganger om at Gud skulle dømme dem på grunn av deres synd: «Derfor sier Herren, Allhærs Gud: Fordi dere ikke hørte på mine ord, sender jeg nå bud og henter alle folkestammene fra nord og babylonerkongen Nebukadnesar, min tjener, sier Herren. Jeg lar dem komme over dette landet og alle som bor i det, og over alle folkestammene i nord.

Jeg slår dem med bann og gjør dem til skremsel og spott og til evig vanære.»[83]

Allikevel valgte Gud til slutt å dømme Nebukadnesar og babylonerne for hvordan de behandlet det jødiske folket: «Engelen som talte med meg, sa: Rop ut disse ord: Så sier Herren, Allhærs Gud: Jeg er nidkjær, jeg er full av brennende iver for Jerusalem og Sion, og stor er min harme mot de trygge hedningfolk, for mens jeg bare var litt harm, gjorde de ulykken større.»[84] Babylonernes mektige rike ble tilintetgjort bare noen få år etter at de gikk mot Jerusalem og la templet i ruiner.

Dersom Gud dømte babylonerne så strengt, de som ikke hadde noen bibel, og som levde på en tid da Gud selv ville dømme det jødiske folk på grunn av deres avgudsdyrkelse, hvor mye mer vil han ikke da dømme de moderne «kristne» nasjonene som går imot hans planer for Israel og det jødiske folket? Vi kan ikke unnskylde oss med at vi ikke kjenner Guds ord. Vi kan ikke unnskylde oss med at vi håndhever Guds «dom» over jødene. Det finnes utallige skriftsteder som bekrefter at Gud i de siste tider vil gjøre godt mot jødene og bringe dem tilbake til forfedrenes hjemland. Dette er ikke en tid da Gud dømmer jødene, men en tid da Gud viser miskunnhet mot jødene og gjenoppretter dem. «For så sier Herren, Allhærs Gud: Likesom jeg satte meg fore å sende ulykke over dere dengang deres fedre egget meg til vrede, sier Herren, Allhærs Gud, og

83 Jeremia 25,8-9.
84 Sakarja 1,14-15. Se også Jeremia 25,8-14.

jeg ikke endret mitt forsett, har jeg i disse dager vendt om og satt meg fore å gjøre vel mot Jerusalem og Juda-ætten. Frykt ikke!»[85]

Den amerikanske forfatteren John P. McTernan har i boka *As America Has Done to Israel* («Som Amerika har gjort mot Israel») dokumentert hvordan USA gang på gang er blitt rammet av katastrofer når antisemittiske begivenheter har funnet sted i USA, eller etter at den amerikanske regjeringen på en eller annen måte har presset den israelske regjeringen til å sette jødiske liv i fare.

Den 4. september 1938, kun tre uker etter at det største antisemittiske folkemøtet i USAs historie var over[86], begynte et lavtrykk å forme seg i Saharas ørken. I løpet av de kommende to ukene vokste lavtrykket til en tropisk storm, før den ble oppgradert til en orkan av styrke fem den 19. september. To dager senere ble orkanen nedgradert til styrke tre utenfor kysten av Virginia, og en samlet skare amerikanske meteorologer spådde at orkanen ville svinge ut over Atlanterhavet, og at det ikke var noen fare for at USAs fastland ville bli rammet av denne orkanen.

Men istedenfor at orkanen svingte ut mot havet, fortsatte den rett nordover mot Long Island. Nå beveget øyet seg i en hastighet av 113 kilometer i timen, som er den raskeste hastigheten som

---

85 Sakarja 8,14-15. Flere skriftsteder med samme budskap er f.eks. Jesaja 52,9, 54,7-8, 66,12-13, Jeremia 23,7-8, 24,6, 30,10, 32,37-41.
86 Se «Kapittel 2: Roten til alt ondt» tidligere i denne boka.

noensinne er målt.[87] Samtidig som Roosevelt var opptatt av det diplomatiske spillet for å gi Hitler fritt spillerom i Tsjekkoslovakia, ble Long Island truffet av en orkan som ingen kunne forutse ville komme. Og da orkanen traff land, ble skadene forverret ved at det var ekstremt høyt tidevann utenfor Long Island på nettopp dette tidspunktet.

Øyet i orkanen traff land i Suffolk fylke på Long Island. Camp Siegfried, der det største nazistiske folkemøtet utenfor Tyskland var blitt arrangert kun en måned i forveien, lå i Suffolk fylke.

Skadene etter orkanen var enorme. Rundt 700 personer ble drept, og det ble gjort skader for over 400 millioner dollar (eller nesten fem milliarder dollar i dagens verdi).

McTernan har videre dokumentert hvordan USA gang på gang er blitt rammet av lignende katastrofer hver gang de har forsøkt å gå mot Guds løfter til jødene de siste 20 årene. Her vil jeg gjengi en kort oppsummering av noen få av disse katastrofene:

Den 30. oktober 1991 åpnet president George H.W. Bush fredskonferansen i Madrid med en tale der han i bunn og grunn sa at Israel vil bli nødt til å gi fra seg land for fred. Samme dag utviklet det seg en kraftig orkan over det kalde vannet utenfor Nova Scotia, på tross av at orkaner vanligvis utvikler seg over hav med tropiske temperaturer. Orkanen fikk aldri noe offisielt navn, men den er blitt kalt for «den perfekte stormen». Presidentens eget hjem i

---

87 På grunn av hastigheten blir denne orkanen noen ganger kalt for *Long Island Express*.

112

Kennebunkport, Maine ble ødelagt da ti meter høye bølger braste inn i huset hans.

Den 24. august 1992 kom partene sammen for å forhandle i Washington, og samme dag ble Florida truffet av orkanen Andrew, som var den verste naturkatastrofen som noensinne hadde truffet USA. Orkanen forårsaket skader for cirka 30 milliarder dollar.

Den 16. januar 1994 hadde president Bill Clinton et møte med Syrias diktator Hafez Assad i Geneve der de samtalte om en mulig fredsavtale mellom Israel og Syria. Dagen etterpå ble Los Angeles rystet av et kraftig jordskjelv som målte 6,8 på Richters skala. Jordskjelvet påførte California skader for 25 milliarder dollar.

Den 1. mars 1997 kom Yasser Arafat til Washington for å treffe president Clinton. Samme dag forårsaket en rekke tornadoer voldsomme skader i Texas, Arkansas, Tennessee, Kentucky og Ohio.

Den 27. september 1998 hadde utenriksminister Madeleine Albright et møte med Yasser Arafat i New York som en del av forberedelsene for Wye-konferansen, der USA presset Israel til å trekke seg tilbake fra landområder i Judea og Samaria. Dagen etterpå kom både Arafat og Netanyahu på besøk til Det hvite hus. Samme dag slo orkanen Georges inn over Mississippi med en vindstyrke på opptil 280 kilometer i timen i kastene.

Den 6. juni 2001 sendte president George Bush CIAs direktør George Tenet til Israel for å forhandle om en våpenhvile mellom Israel og palestinerne. To dager senere hadde Tenet møter med begge parter samtidig som assisterende utenriksminister William Burns traff Arafat. Samme dag falt det over 70 millimeter regn i den østlige delen av Texas på grunn av den tropiske stormen Allison. Bare i Houston ble 25 000 hjem og forretninger skadet eller ødelagt i tillegg til 50 000 biler og lastebiler.

Den 28. april 2002 la USA press på Israel for å heve beleiringen av Arafats hovedkvarter i Ramallah. Samme dag ble Maryland truffet av den kraftigste tornadoen i den delstatens historie. Vindstyrken var på opptil 510 kilometer i timen. Stormen passerte også direkte over Washington.

Mellom 4. og 11. mai 2003 var utenriksminister Colin Powell på besøk i Syria og Israel for å fremme Veikartet til fred. I løpet av hele denne perioden ble USA rammet av voldsomme tornadoer. Hele 412 tornadoer ble registrert i Statene i løpet av denne perioden. Da Powell reiste hjem igjen, døde tornadoene ut.

I slutten av august og september 2004 presset USA den israelske regjeringen til å utslette 25 israelske bosettinger på Gazastripen og i Samaria. President Bush ville også at Israel skulle gi ytterligere innrømmelser til de palestinske selvstyremyndighetene. I løpet av denne seks uker lange perioden ble Florida truffet av hele fire orkaner: Charlie, Frances, Ivan og Jeanne. Hele 1,4 millioner amerikanere ble evakuert fra hjemmene sine, og Bush erklærte 25 fylker i Florida for katastrofeområder da Charlie traff solskinnsstaten.

Ni millioner amerikanere ble evakuert som et resultat av alle fire orkaner.

Den 23. august 2005 utslettet den israelske regjeringen den siste av de 25 israelske bosettingene på Gazastripen og i Samaria. De fleste av disse bosettingene lå i et område kalt Katif. Opptil 10 000 israelere ble kastet ut av hjemmene sine. Samme dag ble tropisk lavtrykk 12 dannet over Bahamas. Dagen etter ble den oppgradert til en orkan ved navn Katrina. Da orkanen feide inn over Mississippi og Louisiana noen dager senere, forårsaket den enorme skader på New Orleans. Hele 120 000 bygninger i byen var totalskadet. Katrina ble også begynnelsen på president Bush sitt fall.

Da jeg holdt på å skrive denne boka, ble jeg selv vitne til ytterligere en lignende begivenhet. Våren 2011 gikk den amerikanske regjeringen i høygir for å få opprettet en palestinsk stat. Den 20. april skrev New York Times at Obama hadde utarbeidet en plan for å få igang samtalene mellom Israel og de palestinske selvstyremyndighetene. Noen dager senere ble 21 amerikanske stater rammet av en bølge av 327 tornadoer.

Den 19. mai samme år holdt Obama en beryktet tale der han utbasunerte at det bør opprettes en palestinsk stat innenfor våpenhvilelinjene fra 1949, det vil si det som ofte kalles for Vestbredden og Gazastripen. Dagen etter satt Obama i samtaler med Netanyahu om hvordan de skulle oppnå det målet som presidenten hadde uttalt i talen dagen i forveien. Dagen etterpå brøt det ut voldsomme tornadoer i Midtvesten. En av tornadoene slo til mot

Joplin, Missouri, der minst 125 mennesker ble drept og over tusen ble såret.

Siden USA så mange ganger er blitt rammet av forskjellige naturkatastrofer umiddelbart etter at den amerikanske regjeringen har satt jødiske liv i fare, er det naturlig å spørre om dette på en eller annen måte kan være Guds dom eller advarsel over USA. Dette er et spørsmål som bare Gud selv kan gi svar på, men når vi stiller dette spørsmålet er det viktig å huske at mange av disse katastrofene er *naturlige*, dvs. at de er en del av den naturen som Gud har skapt og som har gjort jorda til den planeten vi kjenner i dag. Det er et vitenskapelig faktum at vulkaner, jordskjelv, vind og lignende naturkrefter faktisk har skapt et miljø der mennesker kan bo og leve. Uten disse «naturkatastrofene» ville ingen mennesker kunne leve på jorda.

Men samtidig er det skjødesløst å bare avfeie det som tilfeldigheter. Det er matematisk urimelig å påstå at det er en ren tilfeldighet at de bibelske profetiene stemmer så godt overens med det vi i dag kan bevitne av amerikansk antisemittisme og ulykker.

Vi må også huske at naturkatastrofer som orkaner, jordskjelv og tornadoer blir kalt for «Acts of God», eller «Guds gjerninger» i amerikansk jus. Juridisk talt er det derfor 100 prosent korrekt å si at alle disse naturkatastrofene var «Guds gjerninger».

Gud har alltid kalt mennesker til å omvende seg fra sin ondskap og be ham om tilgivelse. Da Gud åpenbarte seg for Moses på Sinaifjellet, var det nettopp hans godhet og miskunnhet som sto i sentrum: «Herren, Herren er en barmhjertig og nådig Gud, langmodig og rik på miskunn og sannhet! Han lar sin miskunn vare i tusen slektledd; han tilgir synd og skyld og brott.»[88]

Da Moses fikk denne åpenbaringen, ble han så overveldet at han umiddelbart kastet seg ned på bakken, og i ydmykhet innfor Gud omvendte han seg fra all sin synd og gikk i forbønn for sin egen nasjon: «Herre, dersom jeg har funnet nåde hos deg, så gå med oss, Herre! Dette er et stridlynt folk, men du vil tilgi vår misgjerning og synd og gjøre oss til din eiendom.»[89]

Johannes' åpenbaring, som inneholder en rekke profetier om endetiden, er egentlig et stort kall til omvendelse. I både kapittel 9 og kapittel 16 kan vi bevitne hvordan mennesker blir rammet av ulykker, og hvordan Gud ønsker å se en omvendelse når disse ulykkene rammer folket. «Og de vendte ikke om så de gav Gud ære,»[90] står det i et av disse versene.

Disse profetiske advarslene er skrevet for at hele verden skal få lese dem. «Alle som jeg har kjær, dem refser og tukter jeg,» står det skrevet i min bibel. «La det bli alvor og vend om!»[91]

Dette er dermed like mye en advarsel til nordmenn, svensker, engelskmenn, franskmenn og russere som til amerikanere. «For det folk og det kongerike som ikke vil tjene deg, det skal gå til

88 Andre Mosebok 34,6-7.
89 Andre Mosebok 34,9.
90 Johannes' åpenbaring 16,9.
91 Johannes' åpenbaring 3,19.

grunne, og folkeslag skal ryddes ut,»[92] var Herrens løfte til Sion.

«Det er disse jeg ser nådig til: de hjelpeløse som kjenner seg knust og som skjelver for mitt ord.»[93]

92 Jesaja 60,12.
93 Jesaja 66,2.

Herre, Allmektige Gud! Jeg kaster meg ned innfor deg i ydmykhet, fordi jeg vet at du er den eneste sanne Gud, den rettferdige dommer, Israels Gud. Jeg bekjenner at jeg har syndet mot deg og mot det jødiske folk både i tanke, ord og gjerning. Jeg ber derfor om at du må se til meg i min elendighet, og at du i din miskunnhet må tilgi min synd og skyld.

Jeg ber om at du aldri må ta din miskunnhet fra meg, og at du alltid vil vise meg den rette vei. All ære tilhører deg i all evighet.

Om forfatteren

Jon Andersen har vært aktivt involvert i arbeid blant det jødiske folk siden 1994. I åtte år bodde han i Russland der han arbeidet for den svenske organisasjonen Operation Jabotinsky med å bygge opp et nettverk av menigheter for å bekjempe antisemittismen og hjelpe jødene. I løpet av denne perioden besøkte han over 100 kristne menigheter fra St. Petersburg i vest til Vladivostok i øst, underviste på 10 bibelskoler, og ble invitert til å tale i jødiske synagoger, klubber og andre sammenkomster.

I løpet av de siste årene har Andersen foretatt en rekke reportasjeturer til Israel, og i 2004 bodde han et halvt år i Jerusalem, der han var redaktør og skribent for det elektroniske nyhetsbrevet Israelrapport. I skrivende stund er forfatteren bosatt i Sverige.

Siden 1990 har Andersen besøkt Israel over 40 ganger, og han har vært guide for flere mindre turistgrupper som har besøkt landet. Han driver en blogg på www.sionblogg.com. Per juni 2018 er følgende bøker om Israel til salgs på www.himmelbok.no:

121

Lars Enarson: *Den store skjøgen.* En bok som vil hjelpe leserne med å forstå hvem den store skjøgen i Åpenbaringsboka er.

Ramon Bennett: *Epler av gull.* Bennett skriver her ei bok om mange skatter som man kan finne i Bibelen hvis man bare leter i den hebraiske teksten. Boka blir utgitt sommeren 2018.

Theodor Herzl: *Den jødiske staten.* Bok nummer en i serien «Sionismens klassikere».

Max Nordau: *Sionismen.* Bok nummer to i serien «Sionismens klassikere».

Jon Andersen: *Hvem bryr seg om palestinerne?* Bok nummer en i serien «Israel og nasjonene». Boka handler om Israels forhold til de palestinske araberne.

Jon Andersen: *Israel – Fra Dan til Beer Sheva.* Dette er en reisehåndbok som beskriver mer enn 200 severdigheter over hele Det hellige land med fargefotografier fra de fleste severdighetene.

Jon Andersen: *Onkel Sam eller onkel Judas?* Bok nummer to i serien «Israel og nasjonene». Boka handler om Israels forhold til USA.

Jon Andersen: *Slagmark – Israels historie 1945-2009.* Denne boka ble opprinnelig utgitt på Hermon Forlag i 2009. En ny, heftet billigutgave av boka er nå til salgs.

www.himmelbok.no